情緒行為操控心理學

蘇陌——編著

前言

原來人性的心理是這樣

說起「心理學」，人們會想起許多名詞試圖勾勒心理學的大致模樣：魔術？算命？意念控制？對大多數人而言，心理學離自己的生活很遙遠，但實際上，心理學和我們的生活是緊密聯繫在一起的，只要你認真去探索，會發現複雜的心理活動正是人區別於動物的一個本質；心理學是社會科學中最實用的學問；心理戰術是最貼近生活的知識。

美國著名作家查理斯·哈奈爾曾說：「我們生活在一個可塑且深不可測的精神物質海洋之中。」在這個精神物質的海洋裡，我們每個人都能感受到一種神奇而強大的力量，它支配我們的行動，時而帶給我們喜悅，時而帶給我們憂愁，時而給我們深深的疑惑……

有人會問：「雖然擁有很多東西，可是我一點也不快樂，毫無幸福的感覺？」很簡單，因為你不知道什麼是「幸福遞減定律」。我們從獲得的物品所得到的滿足和幸福感，會隨著所獲得物品的增多而逐漸減少。事實上，幸福本身沒有變化，變化的是我們的內心。

也許你又會問：「為什麼周圍的人都那麼優秀，我卻如此平庸？」很簡單，因為你不知道什麼是「馬蠅效應」。沒有馬蠅叮咬，馬就會慢慢騰騰，走走停停；如果有馬蠅叮咬，馬就不敢怠慢，跑得飛快。人也是一樣，適當給自己一些激勵和刺激，人才不會懈怠，能不斷進步。

也許你會問：「剛入職場，我便全心全意付出，努力工作，為什麼得不到領導者的器重？」很簡單，因為你不知道什麼是「蘑菇定律」。對於職場新人來說，一般都會像蘑菇一樣被置於陰暗的角落、不受重視的部門，或做些打雜跑腿的工作。如果你懂得沉著面對，不要太早暴露自己的鋒芒，做「蘑菇」該做的事，相信你很快就可以突破這種境遇。

在紛繁複雜的世界，很多想法或疑惑會縈繞心頭，我們並不了解真相。大多時候，我們不是命運的囚犯，而是心靈的囚犯。因為，我們沒有意識到操控著人類的神奇力量——我們的心理！

哈佛大學的心理學家投入大量心力做心理學方面的研究，研究後發現，關於我們的心理世界，有很多神奇的定律，可以揭示事物運行的邏輯規律，推演命運發展的因果關係。運用這些神奇的理論，我們可以解釋人生中的諸多現象，洞悉複雜世事，知道在什麼情況下該如何去做，了解人的困擾來自於情緒、想法與行為的失衡，看穿無形的情緒心理操控，從而使我們的人生更加幸福。

本書以哈佛大學心理學家們的研究、分析為藍本，從生活相關的心理現象入手，幫你解開諸多存在內心的困惑，教你輕鬆認識心理學的知識，讓你可以真正了解生活、了解自身，從而使生活得更好。

目次

第一篇

幸福感由自己創造

第一章 幸福的心理學

你能夠，是因為你認為自己能夠

一堂心理學的課堂上，心理學教授向學生們介紹了一位來賓「比爾博士」，說他是世界聞名的化學家。比爾博士從背包裡拿出一個裝著液體的玻璃瓶，說：「這是我正在研究的一種物質，它的揮發性很強，當我拔開瓶塞，它馬上會揮發。但它完全無害，氣味很微弱。當你們聞到氣味，請立刻舉手示意。」

話說完，博士拿出一個碼錶，拔開瓶塞。一會兒工夫，只見學生們從第一排到最後一排都依次舉手。後來，心理學教授告訴學生：比爾博士只是本校的一位老師，而那個瓶子裡裝的物質不過是蒸餾水。

哈佛心理學家指出，這些學生之所以「睜著眼睛說瞎話」，是因為受到比爾博士的暗示。他暗示瓶子裡裝的是一種他正在研究的物質，氣味很微弱，於是學生們就相信並且彷彿聞到那特殊氣味了。

中世紀的監獄，一個即將處決的犯人被蒙上眼睛，醫生在他耳邊說：「你將被割開動脈，你的血會慢慢流盡而死。」說著，醫生用一個鈍器刺了犯人手腕處下，又悄悄打開水龍頭，讓水慢慢滴落。不久，那犯人就癱軟昏死過去。

醫生什麼都沒做，但犯人卻嚇得昏倒，這是心理因素起了作用。這個心理因素，就是「暗示」的力量。

暗示在心理學及精神醫學上占有重要地位，在人的一生中都會受到暗示的影響。良好的暗示能把人帶進「天堂」，消極的暗示能把人帶進「地獄」。因此，在日常生活中，我們要多給自己良好、積極的心理暗示。暗示可以來自自己，也可以來自他人。外界的暗示我們無法控制，但我們可以正面、積極去利用它，這樣結果就是美好的。反之，如果我們消極、惡意地利用它，那麼，帶來的只能是痛苦和災難。

哈佛心理學家普遍認同這樣的觀點：對刺激情境的認知決定情緒和情感的性質。也就是說，一個人產生什麼樣的心理，取決於對當前事情怎麼去理解或解釋。

警惕「配套效應」，別讓他人的「睡袍」左右你的幸福

十八世紀，法國哲學家鄧尼斯・狄德羅（Denis Diderot）。有一天，朋友送給他一件質地優良、圖案高雅的酒紅色睡袍，狄德羅非常喜歡。他穿上睡袍在家中反覆尋找感覺時，總覺得傢俱的風格與睡袍非常不搭，於是為了能和睡袍搭配，他把舊東西全部更

新了。書房的擺設終於跟上了睡袍的檔次，但他仍感到不舒服，因為「自己居然被一件睡袍脅迫了」。兩百年後，美國經濟學家茱麗葉・施羅爾據此提出一個新概念——「狄德羅效應」，也叫「配套效應」。

哈佛心理學家認為，現實生活中，配套效應可以帶來好的結果，也會帶來不好的結果，這取決於所參照的「睡袍」價值。有價值的「睡袍」可以促使我們為了與其配套而產生一連串正面或對成長有利的行為表現，反之，劣質的「睡袍」卻可以使我們退縮萎靡。

大多數人有個很大的心理特點，就是很在意別人的看法。當聽到別人發出「他的髮型真難看」、「穿著品味真差」之類的話，我們就開始打退堂鼓，懷疑自己的髮型、衣服。哈佛心理學家告誡人們，生活在別人的眼光之下，就會找不到自己的路。

一個人活在別人的標準和眼光之中是一種痛苦，更是一種悲哀。倘若你今天為某個人換衣服，明天為另一個人換髮型，那麼你自己的想法又該擺放在哪裡？要想生活幸福，就不要過度在意他人的流言蜚語，走自己的路。

莫讓內心失去對幸福的敏感——幸福遞減定律

一個饑腸轆轆的人遇到一位智者，智者給他一個麵包，他開心吃著並說：「這真是世界上最美味的麵包！」吃完，智者再給他第二個麵包，他繼續開心吃著，臉上仍洋溢幸福的滿足感。吃完，智者又給他第三個麵包，他接過麵包，一副肚子已經飽脹，但仍吃下去。最後，智者又給了他第四個麵包，這一次，他滿臉痛苦，最初的快樂已經蕩然無存。為何饑餓者得到的麵包總數不斷增加，而幸福感與快樂卻隨之減少？這就是所謂的幸福遞減定律，亦可稱為邊際效用遞減法則（**The law of diminishing marginal utility**）。

哈佛心理學家解釋，幸福遞減定律是指人們從獲得的物品中所得到的滿足和幸福感，會隨著獲得的物品增多，而使幸福感減少。

我們在生活中也經常遇到這樣的情況：人在很窮的時候，總覺得有錢才是幸福；但是當真正成了富翁，再被問及什麼是幸福之時，他往往會說平平淡淡才是真。

事實上，幸福之所以打了折扣，並不是幸福真的減少，而是由於我們內心起了變化。正如幸福遞減定律所闡釋的，人處於較差的狀態下，一點微不足道的事情都可能讓你興奮不已；然而當所處的環境漸漸變得優渥之後，人的要求、欲望就會隨之提升。

所以，當你感覺不到幸福的時候，可能幸福仍在你身邊，但你的內心對它已經不再敏感了。

哈佛心理學家指出，幸福不過是人們的一種感覺，這種感覺是靈活多變的，同一個人對同一種事物，在不同的時間、不同的地點、不同的環境，會有完全不同的感覺。

我們應學會用心體會生活，時刻提醒自己，幸福就在我們身邊，要懂得用心去感受，不要讓我們的內心麻痹，失去對幸福的敏感。

第二章

讓你的心靈充滿陽光

快樂是一種內心的體驗

幸福沒有絕對的定義，能否體會幸福，在於你的心怎麼看待。幾百年來，哈佛一直告訴學子們，想要擁有幸福的生活，就要懷有一顆樂觀的心。

一九六七年夏天，美國跳水運動員瓊妮（Joni）遭遇了改變她人生的一跳——她從跳板上滑倒，等她醒來，發現自己已經全身癱瘓，只剩下脖子可以活動。

瓊妮哭了，泳池沒有給她榮譽，反而讓她終身離不開輪椅。這樣的現實讓瓊妮痛苦不堪，甚至失去繼續生活的動力，整天以淚度日。

幾個月以後，她開始思考人生的意義和自己的價值，她借了許多勵志書籍，一本一本認真閱讀。讀書對她來說並不輕鬆，因為她需要用嘴含著竹籤來翻頁。僅僅是這個動作，就讓她體會到重新開始生活的苦澀。但她還是堅持讀完很多書籍，思想也有了很大的改變。瓊妮發現自己並不是最不幸的人，這個世界上每天都有悲劇發生，有許多同她一般經歷挫折的人，最後走上另一條道路，也可以做得很成功。

一番思索之後，瓊妮決心從繪畫入手。中學時代，繪畫曾是她的愛好，於是以口代手，銜筆作畫開始。這是一段非常艱辛的過程，家人常對她說：「瓊妮，不要為難自己，我們會養活妳的。」但家人的安慰更讓瓊妮意識到，要靠自己的能力生活。為了累積繪畫的素材，她常常乘車外出，拜訪大師。練習的過程，她常常將自己關在屋子裡，不要任何人幫忙。幾年堅持下來，她的風景油畫已經可以在畫展展出，並得到專業的認可了。

瓊妮的故事感動了一名記者，記者請她將自己的經歷寫成故事激勵更多人，於是，瓊妮又開始自己的文學之路。

一九七六年，她的自傳《瓊妮：一個令人永生難忘的故事》（Joni: An Unforgettable Story）問世，她收到了數以萬計的讀者來信。兩年之後，她的另一部作品《再前進一步》又問世了，該書以作者的親身經歷，告訴殘疾人應該怎樣面對生活。瓊妮的故事被搬上銀幕，她自己扮演影片的主角，她成了青年的偶像，她積極進取、奮力不懈的精神。

哈佛學者告訴人們，真正的快樂來自內心的體驗。金錢、名車、豪宅等那些外部的條件並不能成為你真正快樂的來源，真正的快樂是發自內心的。

其實，在這個世界上，每個人都有著不同的缺陷或不如意的事情，並非只有你是不幸的，關鍵是如何看待和對待不幸。無須抱怨命運的不濟，不要只看自己沒有的，而要多看看自己所擁有的，我們就會感到：其實我們很富有。樂觀的人就是這樣看待生活和問題的，他們總向前看，他們相信自己，相信自己能主宰一切，包括快樂和痛苦。

上天是公平的，他帶給每個人幸福生活的同時，也會給他們帶去痛苦和缺憾，這些缺憾可能是身體上的一些缺憾，才智的一些缺失，或是生活中一些挫折。面對這些缺憾，是反覆強調自己的缺憾而在痛苦和自卑中艱難度日，還是正視缺陷，把它當做特別的賜予，享受生活，就看你的心如何選擇。

快樂要由自己創造

巴辛是一名銀行職員，他的心情總是很好，從來就沒人見到他有煩惱的時候。當有人問他近況如何時，他總會回答：「我快樂無比。」

如果哪位同事心情不好，他就會告訴對方怎麼去看事物好的一面。他說：「每天早上，我一醒來就對自己說，巴辛，你今天有兩種選擇，你可以選擇心情愉快，也可以選擇心情不好，我選擇心情愉快。每次有壞事情發生，我可以選擇成為一個受害者，也可以選擇從中學些東西，我選擇後者。人生就是選擇，你要學會選擇如何去面對各種處境。歸根結柢，你自己選擇如何面對人生。」

有一天，銀行遭遇了三個持槍歹徒的搶劫。歹徒朝他開了槍。

幸運的是發現較早，巴辛被送進急診室。經過十八小時的搶救和幾星期的住院治療，巴辛出院了。

六個月後，他的朋友見到了他。朋友問他近況如何，他說：「我快樂無比。想不想看看我的傷疤？」朋友看了傷疤，然後問當時是怎麼想的，巴辛答道：「當我躺在地上時，我對自己說有兩個選擇：一是死，一是活。我選擇了活。醫護人員都很好，他們告訴我，我會好的。但在他們把我推進急診室後，我從他們的眼神中讀到『他是個死人』。我知道我需要採取一些行動。」

「你採取了什麼行動？」朋友問。

巴辛說：「有個護士大聲問我對什麼東西過敏。我馬上回答說：『有的，我對子彈過敏。』這時，所有的醫生、護士都笑了出來，接著我又說：『請把我當活人來醫，而不是死人。』」

哈佛心理學家認為，在任何時候，你都可以改變你對事物的認知和自己的心情，只要你願意選擇積極樂觀的想法，你就可以成為快樂的主人。快樂是一種最有價值的珍寶，人們都想得到他，但是總有些人，難以達成這個心願。

本來，生命中有很多美好的東西讓人感覺到幸福，但是現實中我們的感受卻與此大相徑庭，我們被種種壓力與挫折壓得喘不過氣來，生活已然被壓力填滿，不僅很少感受到快樂，有時甚至產生「鬱悶」甚至悲觀的情緒。

哈佛心理學家認為，快不快樂，完全是由自己的想法決定。其實，生活中不可避免地發生一些讓人傷心或者煩惱的事，但是作為生活主角的我們，應該學會適應自己的處境，不鑽牛角尖，樂觀過生活。

從心理學的角度來看，這是一種「心理自我調整」，一個善於調整自己心理的人，一定是一個健康的人，一個和諧的人。

你的快樂與否正是你的生活態度所造成的。心理學研究發現，當我們以為自己處於某種狀態並相應為之，這種狀態就會愈發明顯。有時候我們本來不是很難過，但一哭起來，卻越哭越傷心，就是這個道理。當你認為自己很可憐，讓痛苦爬滿額際，你的生活就會真的很痛苦。事實上，快樂的神泉就在你心中，它取之不盡，用之不竭。

順其自然，讓心不再搖擺

哈佛心理學家說，在現實生活中，我們難免會遇到一些可怕的不幸、災難或不願意接受的事實，這些往往是我們無法選擇，也不可避免的。對此，明智的應對方案就是默默接受，從而避免陷入灰暗的心境。還有一種方法，也可以幫助你減弱不幸的傷害，那就是，當不幸的事情降臨時，不要一直放在心裡。

面對不可避免的事實，我們應該像詩人惠特曼所說的那樣：「讓我們學著像樹木一樣順其自然，面對黑夜、風暴、饑餓、意外與挫折。」因為，環境不能決定你是否快樂，而是你對事情的反應決定你的心情。

請記住這樣一句話：要驅除生命中的黑暗，最好的辦法就是使生命充滿陽光；要避免混亂，就得追求和諧；要使頭腦清醒，就得使頭腦充滿真知；要遠離邪惡，就得多多思索美好可愛的事物；要擺脫一切討厭和不健康的東西，就必須深思一切怡人和有益健康的事情。做到這一點，你就真正成為自己情緒的主人。

哈佛專家指出，我們應該學會體驗各種生活狀態的不同樂趣，既能在激蕩人心的活動中體驗激情，又能在平淡如水的日常生活享受悠然自得。在快樂興奮中，保持適度的冷靜和清醒，當陷入情緒的低谷時，要把注意力轉入一些能平和心境或振奮精神的事情上面。

第三章

告別壞心情，幸福自然來

消除猜疑，保持好心情

哈佛專家指出，有猜疑心的人，往往先在主觀上假定某一看法，然後把許多毫無聯繫的現象都透過所謂的「合理想像」扯在一起，來證明自己看法的正確性。結果卻是越猜越疑。

從心理學的角度講：猜疑是一種不符合事實的主觀想像，是基於一種消極的自我暗示而產生的心理障礙。

習慣猜疑的人往往會因為猜疑而生誤會，傷害了朋友，造成緊張氣氛，這在日常生活中屢見不鮮的。為了避免不應有的隔閡和衝突，消除猜疑心理、建立互信關係成為人際交往中的準則。那麼，如何消除猜疑心理呢？

第一，放寬心胸，增加對別人的信任度。

第二，擺脫錯誤思維的束縛，像是猜忌與懷疑別人的誠意。

第三，敞開心扉，增加心靈的透明度。求得人與人之間的信任與溝通，消除隔閡。

第四，杜絕八卦流言的傳播。

第五，當我們開始猜疑某個人時，最好分析一下他平時的為人、經歷以及與自己共事多年的表現。這樣有助於將錯誤的猜疑消滅在萌芽狀態。

猜疑似一條無形的繩索，會捆綁我們的思路，使我們遠離朋友而憂愁煩惱、鬱鬱寡歡；猜疑者常常嫉妒心重，思想狹隘，最後變得孤僻、憤世嫉俗，這對身心健康傷害極大，所以我們一定要消除猜疑的心理。

正確認識自己，莫讓自卑吞噬你

人常常因為愛慕虛榮、經常與人攀比而戴給自己自卑感。

自卑的人，情緒低沉，常因害怕別人看不起自己而不願與人來往，只想與人疏遠，顧影自憐；自卑的人，缺乏自信，優柔寡斷，抓不住稍縱即逝的各種機會，享受不到成功的樂趣，工作沒有效率，更是缺少生活情趣。

哈佛心理學家認為，自卑是一種壓抑，更是一種恐懼。自卑是人生最大的跨欄，它就像蛀蟲一樣啃噬著我們的人格。

自卑往往是憂鬱症的元兇，其危害性不能小覷。哈佛心理學家提供以下方法，希望能對正處於自卑狀態的人有所幫助：

1. 自我激勵。
2. 學會分析原因。
3. 轉移別的焦點。
4. 運用積極的自我暗示。
5. 正確認識自己。

客觀分析自己的短處和強項，牢記上帝為你關閉一扇門的同時，一定為你打開一扇窗。千萬不要看不起自己。

遠離攀比，邁向不抱怨的人生

哈佛心理學家指出，攀比是一把刺向自己心靈深處的利劍，對他人、對自己都毫無益處，傷害的更是自己的身心。

生活中有些人羡慕那些明星、名人，日日淹沒在鮮花和掌聲中，名利雙收，以為世間苦痛都與他們無緣。其實每個人都有著不為人知的辛酸。譬如，美國前總統雷根曾幾度風光，晚年卻備受不孝子的敲詐、虐待，戴安娜如果沒有魂斷天涯，又有幾人知道她與查理斯王子那場「經典愛情」竟是那般糟糕……

人生失意無南北，宮殿裡也會有悲慟，陋室裡同樣也會有笑聲。因此，站在城裡，嚮往城外，一旦走出圍城，就會發現生活其實都是一樣的，所以，不要把生命浪費在凡事與別人比較。

哈佛心理學家告誡那些總是抱怨自己不幸的人，不要用沉重的欲望迷惑自己，不要總是仰望著你還不曾擁有的東西，應該要靜下心來，擺脫比較的心態，仔細品味你已擁有的一切。人世間沒有永遠的贏家，也沒有絕對的輸家，正如自然界中常青之樹無花、豔麗之花無果的道理。每個人都有自己的優勢，學會俯視，生活必定充滿快樂。

第四章

幸福往往存於細微之間

剪除欲望，簡單生活

哈佛心理學家認為，當我們擁有更多的時候我們的煩惱也會隨之增加。因為人的欲望就像一個氣球，總想越吹越大，忙於吹氣球，自然不會想到還有連氣球也買不起的人。這就需要人們練就一個向下比較的心態。

其實很多人無法靜下心來檢查自己已經擁有的一切，總是「看到」或「想到」自己沒有的東西。如此，當然註定奔波忙碌了。

也許我們都太精明了。無論是待人或處事，很少檢討自己的缺點，總是記得「對方的不是」以及「自己的欲求」。人生的旅途中，需要我們放棄的東西很多。如果不是我們應該擁有的，就要學會放棄，有捨才有得。所以，我們要學會知足，學會在遠處欣賞人生的美景。

無論社會和時代變得如何的喧囂與躁動，只要我們願意去找，就一定能發現一片真正安靜的角落。即使沒有真的、安靜的外在環境，我們也能保持一份心靈的寧靜，在那裡，可以找到自己的精神家園，也許因為有所捨，我們才能夠得到簡單的幸福。

布里丹效應（Buridan's Ass）：果斷才能抓住幸福

法國哲學家布里丹養了一頭小毛驢，每天向附近的農民買一堆草料來餵食小毛驢。一天，送草料的農民出於對布里丹的景仰，額外多送了一堆草料，放在旁邊。結果，毛驢站在兩堆數量、品質相等的乾草之間，左看看，右瞅瞅，始終無法分清究竟選擇哪一堆。就這樣，這頭可憐的毛驢猶豫不決，最終在無所適從中活活餓死了。

布里丹的毛驢效應，指的就是決策過程中猶豫不定、遲疑不決的現象。

人們總認為優柔寡斷是女人最大的通病，尤其是當她們身處愛情迷城的時候。然而哈佛心理學家指出，在選擇伴侶的時候，不光是女人，男人也一樣，總是東想西想，不知所措，害怕做錯依時的決定，選錯了人，造成終生遺憾。

諾貝爾文學獎得主蕭伯納（George Bernard Shaw）曾說過：「此時此刻在地球上，約有兩萬個人適合當你的人生伴侶，就看你先遇到哪一個，如果在第二個理想伴侶出現之前，你已經跟前一個人發展出相知相惜、互相信賴的深層關係，那後者就會變成你的好朋友，但若你跟前一個人沒有培養出深層關係，感情就容易動搖、變心，直到你與這些理想伴侶候選人的其中一位擁有穩固的深情，才是幸福的開始、漂泊的結束。」

也就是說，愛上一個人或許不需要靠努力，只要彼此有「緣分」、有感覺，就可以產生愛意，但是，「持續愛一個人」，就要靠長期的「努力」了。

史華茲論斷：「不幸」轉身就是「幸福」

史華茲論斷，由美國管理心理學家史華茲提出，所有不幸事件只是在我們認為它不幸的情況下，才會真正成為不幸事件。

兩隻小鳥在天空中飛行，其中一隻不小心折斷了翅膀。無奈，受傷的鳥只好就地棲息療傷，讓另一隻小鳥獨自前行。另一小鳥覺得夥伴受了傷，太不幸了，可是，本以為很幸運的牠，就在飛行的途中慘死在獵人的槍口下。幸福有時候就是這樣，偏偏喜歡頑皮地轉身，以不幸的方式走進我們的生活。

哈佛心理學家們相信，好事與壞事都不是絕對的，在一定條件下，壞事可以引出好的結果，好事也可能引出壞的結果。很多時候，幸福也是一樣，總是隱藏在不幸的外表下。其實，從心理學角度看來，所有不幸事件只是我們的主觀看法，它本身並非真的如我們所想的那般糟糕。因此我們常說「不幸中的萬幸」。

正如心理學家哈利・愛默生・佛斯迪克博士（Harry Emerson Fosdick）所指出的：「生動地把自己想像成失敗者，這就足以使你不能取勝；生動地把自己想像成勝利者，將帶來無法估量的成功。偉大的人生以想像中的圖畫——你希望成就什麼樣事業、做一個什麼樣的人——作為開端。」很多偉大人物的成功，就是憑藉這樣一種智慧的心態。

事實上，時間是永不停息的，世界不斷發展、變化，「幸」與「不幸」不是永恆不變，我們只有學會從不幸中看到幸福，採取有效的措施去改變所謂「不幸」的趨勢，努力堅持下去，相信幸福與成功便會水到渠成。

第二篇

馳騁職場，先要用心鋪路

第一章

走穩前進職場的第一步

求職的恐懼心理一定要克服

愛德華是一名大四學生，現在正面臨著求職的困擾，他性格內向，不善言辭、人際關係不佳，雖然學習成績還不錯，得過幾次獎學金，但缺乏工作經驗，因此他總覺得自己找不到理想工作。

好幾次他去面試，因為太害怕緊張，在面試現場手足無措，結果可想而知了。後來只要一提找工作，愛德華就全身冒冷汗，對面試的場合相當抗拒。

哈佛心理學家分析，愛德華這種情況屬於典型的求職恐懼心理。很多求職者都有求職受挫的經驗，這既讓他們的期待心理得不到滿足，又嚴重傷害他們的自信心，使他們產生求職恐懼症。

毋庸置疑，這種心理對求職者非常不利，所以要盡快擺脫求職恐懼症的困擾，其調適與訓練的方法如下：

1.模擬場景，進行想像訓練。把引起你緊張、恐懼的各種場面，由輕到重依次列表

（越具體越好），令你恐懼最輕的場面放在最前面，把最令你恐懼的放在最後面。

2.徹底放鬆自己，有規律地深呼吸，讓全身放鬆。然後拿出上述系列卡片的第一張，想像可能發生令你不安的情景，然後深呼吸、放鬆，循序漸進，反覆直到你不再緊張為止。

3.想像面試成功的喜悅。哈佛心理專家認為，當一個人一無所有卻勇於想像成功的願景時，他就會擁有一份理性的思維和樂觀自信的心態，相信如此必定能讓一切恐懼都被化解於無形。

做好步入職場的角色轉換

剛踏入職場的新鮮人，他們面對學習與工作環境的轉換，心態仍非常不穩定，角色沒有轉換，仍以學生的心態來工作的話，必定會給他們帶來許多困惑和苦惱。

哈佛心理研究證明，當人們處於陌生的環境或加入一個陌生群體時，會很自然產生困惑和焦慮心理，這是自我保護的本能反應。但是如果一個人在群體中長期處於這種心態，就會影響角色的轉變和自我發展。因此，大學畢業生要縮短自己的適應期，必須學會調整心理狀態，學會面對現實。

第一，調整期望值，珍惜首次就業機會。青年時期是一個充滿熱情和想像的時期，有著遠大的理想和抱負，但要清楚認識到，理想與現實之間是有一定差距的。因此，剛踏上工作崗位時，要根據現實環境及時調整自己的期望值，這樣有利於減少心理落差，儘快適應新環境。

第二，放下架子，虛心學習。當今社會，科技發展突飛猛進，知識淘汰率不斷提高。事實證明，一個人在學校所學的知識是有限的，大部分知識和能力必須在工作實踐中學習和鍛煉。虛心向具有豐富的專業知識和經驗的同事學習，儘快熟悉並掌握有關的業務知識，不斷調整自己與學習，以適應社會的快速變化和要求。

第三，全面認識新環境。作為一個新鮮人，要想儘快符合工作的要求，必須充分熟悉工作環境，了解工作的特點，才能盡早適應自己的工作崗位。

第四，培養堅強意志，勇於吃苦。新鮮人接觸到社會的一些消極面，如複雜的人際關係、獨斷的領導者、陳舊的設備、落後的管理方式等，往往會從理想的峰巔跌入谷底，內心產生矛盾衝突，因而一蹶不振、消極退縮。其實角色轉換的過程是艱苦的，只有具備堅強的意志，增強社會責任感，工作任勞任怨，勇於吃苦，不計較個人得失，才能克服在角色轉換過程中遇到的種種困難。

不做恐懼「上班」的畢業生

王小華是一名金融專業的應屆畢業生，進了一家銀行工作，待遇還不錯。由於是新人，她一開始被安排到櫃檯做存匯作業，「工作日復一日，太枯燥了！」作為一名時髦女孩，王小華心裡嚮往光鮮亮麗的職業。於是，在銀行工作不到半個月，王小華就辭去工作跳槽到一家公關公司。

但是進了公關公司，王小華依然只能從基層做起，她被安排去處理一些繁雜瑣事，打字複印、接待、沖咖啡，新工作的「美麗光環」漸漸從王小華心中褪去，隨之而來的是像第一份工作那樣的焦慮煩躁。終於，不到兩個星期，她再次放棄工作。

辭去第二份工作之後，王小華對自己是否能正常工作產生了懷疑。「無論什麼工作都那麼枯燥乏味，我都提不起半點興趣。」現在，她一提到「上班」就覺得無趣，也沒信心繼續找下一份工作。

哈佛心理學家研究發現，社會新鮮人普遍存在恐懼上班或覺得上班無趣的現象。

哈佛專家認為，這類新鮮人往往過於重視自己的興趣愛好，他們總是想到「我想做什麼」和「我喜歡做什麼」，卻很少考慮「公司需要我做什麼」和「這份工作本身要求我做什麼」。正是這種認知上的差異，才使他們在工作中無法實現自我價值，進而開始懷疑工作本身的價值，所以，恐懼上班或頻繁跳槽。哈佛專家給的建議如下：

1.調整認知。每個人都不可能永遠停留在學生時代，每天憂心忡忡，無法改變任何事情。與其消極痛苦，不如積極適應。

2.學習與人交往。不要把注意力都放在對上班的擔憂，想像上班後，可能獲得的成功和喜悅，幫助自己克服恐懼。

3.求助專業人士。比如職業指導專家、心理諮詢師等，他們會從職業的角度指導。

第二章

向職場老鳥學經驗

拉攏「關鍵」同事

在每個組織、公司裡，都有一些業績出色、能力特別優秀的人，也有與主管關係密切的人，主管一般會透過他們來了解下屬的情況。哈佛專家研究認為，如果與公司裡的那幾位「關鍵」的同事相處良好的話，也許他在關鍵時刻替你說上幾句好話，或許比你努力表現自己更有效。

羅伯特與吉姆同在報社工作。吉姆到報社已經有七年的時間，人緣不錯，也深受社長的器重，凡事都同他商量。羅伯特剛剛從學校畢業一年有餘，與吉姆是校友，在課題研究上，具有互補性，兩個人關係也不錯。

後來，報社開始精簡人事、裁併重複人員，其中羅伯特所在的部門也在精簡的名單之列。一天，羅伯特約吉姆出去吃飯。席間，羅伯特探問精簡人事的虛實，並請吉姆幫助，吉姆心領神會。

社長與吉姆討論員工的調整與配置，當談到羅伯特時說道：「羅伯特人倒不錯，只是太年輕了點，我考慮將他另調別處……」隨後對吉姆說：「我的安排對你負責的專案有無影響，我想聽聽你的意見。」此時，吉姆正在策劃做某主題報導，報社想把它作為年度重點專案。吉姆說道：「工作目前進展比較順利，我們這部分的人都參與了，但是相對於心理學這一部分，真正明白的並不是很多。羅伯特恰恰彌補了我們這方面的不足，從我的角度考慮，最好不要這樣安排，如果確實有困難的話，能否延緩幾個月？」

「讓我們再考慮一下。」社長無奈說道。最後，羅伯特留了下來。

這個案例說明，透過「關鍵」的同事與領導者間接溝通，既免除了表功之嫌，又能夠得到較好的效果。

所以，在平時就要建立與同事之間的交往，建立密切的關係。不過，值得注意的是，同事的好話一般在小事能夠起作用，但在大事情上，不可全部寄託於同事，具體運作還是要靠自己努力工作為宜。

發掘人脈中的「潛力股」

一般人總喜歡圍著紅人轉，認為只有紅人才能辦大事，哈佛專家卻不這麼認為。其實任何人都不可能一帆風順的，暫時的時運不濟，不表示這個人毫無價值。哈佛專家建議，公司中出現派別之爭，不要急著投奔某一方，保持自己的獨立性。多發掘暫時隱忍不顯的「潛力股」，多多投資，等於為自己提前備好人際資源。

在那些人有困難的時候，該出手時就出手，千萬別猶豫，這樣在你需要人幫助時，他們才會不惜任何代價提攜你走出困境。

當然，對他們的幫助要落在實處，不要停留在口頭上。而且這種幫助也是需要技巧的，也就是說當你想幫助某個人的時候，你要注意具體方法，如何幫助他，才能使他真正受益。

我們常常說某人的成功，是因為有貴人相助。的確，如果一個人找到了自己的貴人，就可以避免很多不必要的摸索與碰撞，少走彎路，減少挫折。而那些貴人就在身邊，從現在起，多注意一下你周圍的朋友，若有值得投資的「潛力股」，千萬別錯過了；趁自己有能力時，多幫助一些潦倒英雄，使之能為己所用，這樣的發展才會無窮。

波斯詩人薩迪曾說：「若想在困厄時得到援助，就應在平日待人以寬。」對失意者投入一些關注，並不是很難辦到的事情，有時僅僅需要隨時體察一下別人的需要即可。對受盡冷落之人來說，點滴的關懷與幫助，足以使他終生銘記。

功高不蓋主，上司永遠是最優秀的

有一位國王，揮霍無度。一天，財政大臣決定策劃一場前所未有、最為壯觀的宴會，以討國王的歡心。

顯赫的貴族以及偉大的學者，都參加了這場為國王準備的宴會。劇作家甚至還為這次盛會寫了一個劇本，並在晚宴時，予以表演。

宴會之後，眾嘉賓一起參觀財政大臣特地為國王修建的別墅、庭院和噴泉。財政大臣陪伴著國王走過呈幾何圖形排列的灌木叢和花壇，觀看著煙火和戲劇表演。宴會一直延續到深夜，賓主盡歡，人人都認為這是他們見過最令人讚歎的盛事了。

然而出人意料的是，第二天一早，國王便下令逮捕了財政大臣。三個月後，這名財政大臣被控私自侵占國家財產。事實上，他被指控的罪行全部得到過國王的許可，但財政大臣還是被送上斷頭臺。因為國王傲慢自負，他希望自己永遠是眾人注目的焦點，無法容許任何人搶占自己的風頭。

當上司的人大多不希望下屬的才能高過自己。這就是以上寓言給我們的啟示，財政大臣本以為完成自己的完美策劃會受到國王的稱讚，但他忘記了，他的風頭蓋過了國王，所以最後招來殺身之禍。在平時的工作中，優秀而有實力的人來到一個部門，上司表面上如虎添翼，私下卻憂心忡忡。因為身為上司所擔心的是自己某一日搞不好會被擠走，如果只是平庸之輩，反而倒高枕無憂。

因此，哈佛專家的意見是，聰穎的下屬要學會遮掩自己的才華，以虔誠愚鈍來襯托上司的高明，從而獲得上司的賞識和垂青。

第三章

攻克職場的心理難關

提防「精英症候群」

人們常常把那些社會地位較高，受教育程度較高的人稱為精英。現代社會還有一個大家都普遍認同的標準，那就是他們創造的價值大，收入也高。哈佛專家總結說，這類人的明顯特徵是：事業心強，有成就感；有強烈的工作動機，勤奮甚至拚命工作；能量充足，似乎永遠不知疲倦，有連續工作能力；很看重自我聲望，對自己要求嚴格，有很強的使命感。

哈佛專家認為，精英人群所具備的這些特徵，反而對其工作生活帶來了嚴重的負面影響：

首先，生存壓力很大。很多男士肩負著養家糊口的重責大任，看到別人有車有房，如果自己缺乏的話，實在沒面子。而這就容易形成一種拚命工作的狀態，體力嚴重透支。為了改善生活，減輕生存壓力，他們拚命工作，以改變個人地位以及提高自己在親戚朋友中的威望。由於精英人群總是時時、處處、事事追求盡善盡美，因此他們往往體力透支，工作壓力也超過體能極限而渾然不覺。

其次，受過高等教育的人群普遍比較敏感。相對剝奪感是人們在比較中所產生的一種心理失衡狀態。有相對剝奪感的人容易憤怒，發無名之火，有時這種憤怒就會轉化為侵犯。好在這個群體一般都受過良好教育，會把這種相對剝奪感壓抑在心裡，影響他們的身心健康。

再則，根據研究，長期處於壓力狀態下的人會經過「警覺」、「反抗」和「耗盡」三個階段。這就是所謂的「應激反應」這要的精神狀態可以導致身體疾病，這種疾病被稱為身心疾病，即不是由生理原因所產生的疾病，而是由心理原因所導致的疾病。這種身心疾病最典型的是高血壓、心臟病，還有皮膚病、頭痛、腰痛、關節炎、哮喘、支氣管炎、癌症等。

世界衛生組織早就指出：「許多人不是死於疾病，而是死於不健康的生活方式。」一個人能否長壽，固然有很多客觀因素，但飲食不正常、吸菸、酗酒、運動過少等，足以證明是導致早衰早亡的重要原因。中年精英長期處於緊張疲勞狀態，為了事業，整日奔波。結果，儲蓄了金錢，透支了健康，濃縮了生命，剛進中年就得了老年病，提前的病理死亡取代了自然的生理凋亡。哈佛專家建議：

1. 調整心態。上班族精英應該改變對成功的看法和懷才不遇的心態。

2. 帶薪休假。最好一年能夠休息兩次，而且要注重身心的放鬆和調整。

現代工作者應該學會在應對挫折時，不要拿自己的健康做本錢，要看到很多事的成功取決於各種因素、不由個人意志而決定，客觀地對待事物，訓練自己達觀和超然的心態。這樣做，才有利於給自己的心理減壓。工作是為了生活，而生活不是為了工作，不能本末倒置。理解了這個道理，壓力也許就會少得多了。

越過「職場休克期」

哈佛專家指出，無論是剛剛步入職場的年輕人，還是工作多年的經驗豐富者，都可能突然對目前所從事的職業失去興趣，對自己的職業生涯感到迷茫。這是一種正常現象，心理學家稱之為「職場休克期」。

身為一家公司的CFO，賈桂琳已有十餘年的職場經歷，可以說對工作駕輕就熟。周圍的人都很羨慕她，能在四十歲之前就做到如此顯要的職位，在別人眼裡，她是當然的成功人士。然而，面對大家豔羨的目光，賈桂琳本人卻不以為然，對於目前的工作，她心裡感到相當厭倦，用她自己的話來說就是——做膩了！這種情形益發加重，令她有一種喘不過氣的感覺，甚至有幾次，賈桂琳都想索性遞上辭呈，結束這種痛苦的職業生涯。

心理狀態自然也體現在身體，賈桂琳深受失眠的困擾，而且食欲不振，吃什麼東西都要吐出來，甚至有一次，她暈倒在咖啡廳裡。到醫院檢查，卻又一切正常。沒辦法，賈桂琳便留在家中數日調養，結果精神竟好了，身體也沒有什麼異樣，那段時間感覺頗為神清氣爽。可是，一回到工作崗位，又故態復萌……

賈桂琳目前的「休克」是淺層的，如不及時調整心態，會有更嚴重的「休克」。那麼該怎樣越過這種「職業休克期」，哈佛專家提出兩種方法：

1.尋找新鮮感。不妨利用度假之際換個環境，調整一下心態；也可以利用這段時間考慮換一個工作環境，給自己挑戰，尋找新的激勵點。

2.保鮮。現在很多領域有很多新內容，企業也不斷出現新的崗位，以往的規定未見得很規範成熟，有的也跟不上新的形勢和企業的發展。所以，有很多東西值得不斷學習。

若不想成為「職場休克魚」，就要爭取保持自己「杯子」裡水的新鮮度，把「杯子」裡陳舊的部分倒出來，不斷加入新鮮的水。這樣，就不會有厭倦感。

跳槽與「應激反應症候群」

時下，有不少人因為各種原因而頻繁跳槽。哈佛專家認為，一般來說跳槽者可分為兩種：一種是理性跳槽者，另一種是非理性跳槽者。前者一般具有明確的個人定位，並且做好了迎接挑戰的準備；後者則往往不是因為目前工作不好，而是出於「習慣」——想換個工作環境。

據統計，後一類人往往越跳越鬱悶，甚至因此生活在焦慮、抑鬱之中，最終患上「應激反應症候群」。

「應激反應症候群」是伴隨現代社會發展而出現的病症，近年來在世界各國日益引起醫學界和心理學界的重視。以心理素質較差和不善於自我心理調節的人更易罹患。

理查連續跳了三次槽，最終如願以償，進了這家著名的公司。在進公司前，理查信誓旦旦，一定做滿兩年，但剛過一個星期，他就發現目前的公司也不過如此，他又犯了心神不寧的老毛病，工作敷衍了事，和同事也無法打成一片。

理查逐漸感到有點力不從心，先前對自己的那種自信一點一點被蠶食。他的身體越來越差，經常失眠、做噩夢，記憶力也開始下降，心情變得煩躁不安。一些屬下常犯的小錯誤，以前他根本不會在意，但現在卻變得無法容忍，有一種發洩的衝動。對工作越來越感到厭倦，有時甚至什麼事也不想做，一些重要客戶的電話，他也懶得去接。

哈佛心理學家認為，盲目跳槽使人越來越孤僻，不愛與人交往，總是以灰暗的情緒看待外界的一切事物，凡事易從悲觀、消極的角度思考。理查的症狀是在白領階層的「應激反應症候群」典型表觀。一般來說，失眠、極易疲勞、心驚肉跳、煩躁不安、注意力難以集中、記憶力減退等都是「應激反應症候群」的先兆。此症狀長期得不到治療，超出機體能夠承受的極限，將會造成身心的傷害，嚴重的可出現內分泌失調、免疫功能紊亂、潰瘍病、心肌梗死等病症，也可出現悲觀、絕望、焦慮等心理方面的問題。

哈佛專家認為，對於那些心理障礙剛出現「萌芽」者，可以透過以下幾種方法進行自我心理調節：

1.「跳槽」要慎重。想「跳槽」未嘗不可，但在「跳槽」前先得對自身情況做認真評估。不僅要從自己的能力去評估，還要考慮到自己的心理承受能力。不能光看到經濟效益，更應考慮到可能會遇到哪些新的困難。

2.學會傾訴。內心不悅，壓抑在心中，既解決不了問題，更會加重病情。此時，可找些信得過的親朋好友，向他們傾訴自己內心的不悅。有時候，肚中的「苦水」倒出來之後，心裡就會感到暢快得多，這就是「一吐為快」，心理治療稱之為「宣洩法」。

3.自找樂趣。人煩惱時，不要整日沉湎於其中，要學會自尋樂趣，例如和友人聚會、跳舞、逛街、聽音樂、看電影……

4.心理諮詢。一旦發生心理困惑，而自己又無法走出陰影時，就得去接受心理諮詢，請心理醫生進行心理治療，解開「心結」。

所謂心病還需心藥醫，暗示就是一種有效的治療手段，尤其是針對那些由於心理暗示作用而產生的疾病或症狀。

因此要在心理上做好自我疏導和調節。首先要充分認識到現代社會的高效率必然帶來高競爭和高挑戰性，對於由此產生的某些負面影響要有足夠的心理準備，免得臨時驚慌失措，加重壓力。同時，心態要保持正常，樂觀豁達，不為小事斤斤計較，不因逆境心事重重。要學會適應環境變化，保持內心的安寧。

另外，要對自己有一個正確的自我期望，生活中也要勞逸結合，要忙裡偷閒，暫時丟掉一切工作和困擾，徹底放鬆身心，使精力和體力得到及時恢復。

第四章

混跡職場的警示牌

職場，第一步決定成敗──路徑依賴法則（Path Dependence）

哈佛專家曾比喻，擇業就像我們穿衣服一樣，第一個扣子（第一份工作）特別重要，如果這第一個扣子扣錯了，在路徑依賴原則的影響下，就可能一路錯下去。

客觀來講，第一份工作的選擇無非是兩種情況：一種是成功的選擇，找到一個適合自己發展的起點，並沿著這條路一直走向成功；另一種是失敗的選擇，隨著工作的深入，發現自己並不適合。但無論哪種情況，最初的選擇對後來的影響都是很深遠的。

卡爾和沃倫是某大學的同班同學，非常要好，工作幾年始終保持聯繫。

當初大學即將畢業之際，兩人都積極聯繫就業公司。那時，卡爾認為，個人要發展，應當進大公司去尋求廣闊的發展空間。經過努力，他如願以償進了一家知名企業。而沃倫則認為，在哪裡工作不是很重要，重要的是要能施展自己的才能，實現自己的價值。小公司人雖少，但個人發展機會反而可能更多，所以，他選擇了一家只有十幾人的小公司。

在後來幾年的工作實踐中，卡爾由於所在的公司人才濟濟，他只能做一些低階的雜活，想跳槽又心有不甘，始終處於進退兩難、勢成騎虎的狀態。而沃倫的公司則因員工數量少，工作成果見效快，他的才能很快顯露出來。不久，他就被升為企劃經理。

卡爾和沃倫同時起步，只因第一份工作的選擇不同，一個是愁眉苦臉，無所作為；一個是如魚得水，大展宏圖。他們的經歷讓我們深刻體會到：第一份工作的選擇，對日後的發展非常重要。

同時，卡爾的「想跳槽又心有不甘，處於進退兩難、勢成騎虎的狀態」也讓我們看到，路徑依賴問題對一個人職業生涯的重要影響。

當我們已經習慣了某種工作狀態和職業環境，就會產生一定的依賴性，若重新做出選擇，往往會喪失許多既得利益，甚至元氣大傷，從此一蹶不振。所以，我們對重新選擇過程中所存在的不確定性因素總是存在恐懼。

哈佛專家建議，第一份工作最好兼顧自己的興趣、個性、能力及專業知識，為自己量身定做一個既具挑戰性，又不失客觀、實際的職業生涯發展規劃，按照規劃一步步努力走下去。這樣，即便對所選擇的職業路徑產生依賴感，也會起到正回饋的作用，進入良性循環。

化成美麗蝴蝶之前需先破繭——蘑菇定律

蘑菇定律（Mushroom Management），指初學者像蘑菇一樣被置於陰暗的角落（不受重視的部門，或做打雜跑腿的工作），常無端批評、指責、代人受過，只能自生自滅，得不到必要的指導和提攜。這是許多組織對初出茅廬者的一種管理心態。

哈佛專家認為，你想要突破「蘑菇」的境遇，使自己從「蘑菇堆」裡脫穎而出，在最開始就要做好該做的事，用智慧去突破困境。

要學會從工作中獲得樂趣，不僅是按照命令被動地工作。確立自己的人生觀，根據你自己的做事原則，恰如其分地把精力投入工作中。要想讓企業成為一個對你來說有樂趣的地方，只有靠你自己努力去創造、體驗。

身為新人，工作中你要注意禮貌問題。記住：有禮貌不一定是智慧的標誌，可是沒禮貌絕對是令人厭惡的。

哈佛專家指出，「少說話，多做事」是新人的必備行事準則。每一個剛開始工作的年輕人都要從最簡單的工作做起。如果你在開始的工作中就滿腹牢騷、怨氣沖天，那麼你就會對工作草率行事，從而有可能導致錯誤的發生；或者本可以做得更好，而沒有做到。

人可以透過工作來學習，可以透過工作來獲取經驗、知識和信心。你對工作投入的熱情越多，決心越大，工作效率就越高。當你抱有這樣的熱情時，上班就不再是一件苦差事，工作就會變成一種樂趣，就會有許多人聘請你做你喜歡做的事。

正如羅斯・金所言：「只有透過工作，你才能保證精神的健康，在工作中進行思考，工作才是件愉快的事情。兩者密不可分。」處於「蘑菇」階段的年輕人，快靜下心來，以你的智慧與能力在職場破繭成蝶吧！

居安思危才能永遠前進——青蛙法則

青蛙法則（Boiling frog），把一隻青蛙放進冷水鍋裡，如果慢慢加溫，青蛙會隨水溫逐漸升高而被煮死。相反，如果把一隻青蛙直接放進熱水鍋裡，它便會立刻感覺到危險，迅速跳出鍋外。這個法則旨在提示人們要懂得居安思危。

哈佛心理學家指出，一個人如果喪失了憂患意識，那麼，就會像被水煮的青蛙一樣，在麻木中「死亡」。所以，在從初涉職場到工作幹練的過程中，我們要保持清醒的頭腦和敏銳的感知，對新變化做出快速的反應。不要貪圖享受，安於現狀，否則當你感覺到環境已經使自己不得不有所行動的時候，也許會發現自己早已錯過行動的最佳時機了，等待你的只是悲哀、遺憾和無法估計的損失。

人類天生有一種惰性，不到萬不得已就不會去改變現行的各種還過得去的做法，當這種做法還能夠讓人得到很大的滿足時尤其如此。但是，如果一個人失去了必要的刺激，處在一種安逸的工作氛圍中而不自覺，那麼，就會失去工作活力，等危機真正到來就來不及了。

當今世界上，有許多人都把自己的成功歸功於某種障礙或缺陷帶來的困境。如果沒有障礙或缺陷的刺激，也許他們只能挖掘出自己百分之二十的才能，正因為有了這種強烈的刺激，他們另外百分之八十的才能才能夠得以發揮。

所以，身處今天不斷變幻的職場，我們要懂得居安思危。要知道，危機並不代表滅亡，而恰恰可能是一種契機。我們經由這些危機，往往會發現自己真正的價值所在，激發出深藏於心的巨大力量，從而使人生更加精彩。

第三篇

欲操控人心，先研究心理學

第一章

讓對方開始喜歡你的心理操控術

表達你的好感，讓對方也有好感

哈佛心理學家研究認為，認同別人，就是認同自己；表達你對別人的好感，就會贏得別人對你的好感。

在朋友圈中，丹尼是一個極有魅力的人，大家總會不知不覺受他的影響。他走到哪兒，就會給哪兒帶來生氣與活力。人們都喜歡接近他，願意與他在一起工作、學習和聊天。

一個陽光燦爛的秋日，派克和丹尼坐在辦公室裡閒談。忽然看見李麥克向他們走來。

「討厭的人過來了，我可不想碰到他。」派克說著，想出去避開。

「為什麼？」丹尼問。

派克解釋說：「到這個公司以來一直感覺和他關係不太好，我不喜歡他提出的一些問題，他也不滿意我所做的事情。」除此之外，派克又說道，「那傢伙就是不喜歡我，跟我不喜歡他一樣。」

「他看來沒有那樣討人厭啊，或許是你逃避他。你這樣做，只因為你害怕。而他可能也覺得你不喜歡他，因此對你也就不那麼友善了。人們都喜歡那些喜歡自己的人，如果你對他表示好感，他就會以同樣的方式對待你，去跟他說說話吧！」於是，派克試著迎向前去，熱情問候對方。當李麥克聽到派克的問候，表現出十分驚奇的樣子。而此刻丹尼正微笑著看他們。

哈佛心理學家試圖讓人們理解，人與人的溝通有時候並沒有想像中的那樣難，如果你願意表達自己的好感的話。

人都是喜歡聽一些表揚的話，讓自己高興的話，當然，這種表揚和高興不是那種有目的的拍馬之類的話語，不是那種有意美化別人的獻媚，而是實實在在地表達你的讚美，表達你的真誠。表達你的好感，是人際交往的潤滑油，推動著人際關係向美好的方向發展。況且，這種表達不用投資，不需本錢，只要你發自內心的一個微笑，一個欣賞的眼神，一句輕輕的稱讚，就行了。

有人形容說生活是一面鏡子。你對人生表達好感，人生回報給你的也必是一片好感。善待他人同時也是在善待自己。正像站在鏡子前一樣，你怒他也怒，你笑他也笑，一切取決於你的態度。

第一印象塑造好，可在對方心中建立深刻印象

日常生活中，我們都有過這樣的體驗，初次與人見面時，對方的相貌、舉止、言語、風度等方面會迅速映在你的腦海，形成最初感覺，即第一印象。第一印象主要源於人的直覺觀察，根據直覺觀察到的資訊加以綜合評判，然後以某種形式固定下來。

哈佛心理學家一致認為，在社交活動中，第一印象很重要。它是在沒有任何成見的基礎上，完全憑著你的「自我表現」來判斷的，因而第一印象直觀、鮮明、強烈而又牢固。如果你的相貌俊美，舉止端莊大方，言語機智，談吐風趣幽默，風度翩翩，謙虛而不自卑，自信而不固執，倔強而不狂妄，你就會給人留下美好而難忘的印象。

當然，人無完人，所有的優點和美德不可能都集中在一個人身上，但你若具有其中某一方面或某一方面的某一點，再揚長避短，將其發揚光大，也同樣可以獲得最佳效果。

第一印象的好壞，決定著社交活動能否繼續下去。第一印象好，人家就願意和你進一步來往，通過一段時間的相識與了解，人家覺得你的確不錯，你們的關係就會順暢發展。第一印象直接影響著對一個人的評價。一個人的言談舉止，是構成人們對他直接評價的主要因素。

所以與人交往時，我們要格外注重留給他人的第一印象。在他人心中的第一印象塑造好了，才有助於日後的深入交往與發展。

微笑，贏得他人好感的法寶

微笑是人際交往的通行證，是打開每個心門的鑰匙。哈佛專家普遍認為，在與人交流中，主動報以微笑不僅能迅速拉近彼此心與心的距離，贏得他人好感。

飛機起飛前，一位乘客請求空姐給他倒一杯水服藥。空姐很有禮貌地說：「先生，為了您的安全，請稍等片刻，等飛機進入平穩飛行狀態後，我會立刻把水給您送過來」十五分鐘後，飛機早已進入平穩飛行狀態。突然，乘客服務鈴急促地響了起來，空姐猛然意識到：糟了，由於太忙，忘記給那位乘客倒水了。空姐來到客艙，看見按響服務鈴的果然是剛才那位乘客。她小心翼翼地把水送到那位乘客跟前，面帶微笑地說：「先生，實在對不起，由於我的疏忽，延誤了您吃藥的時間，我感到非常抱歉。」這位乘客抬起左手，指著手錶說道：「怎麼回事，有你這樣服務的嗎？」無論她怎麼解釋，這位挑剔的乘客都不肯原諒她的疏忽。

在接下來的飛行途中，為了補償自己的過失，每次去客艙為乘客服務時，空姐都會特意走到那位乘客面前，面帶微笑地詢問他是否需要幫助。然而，那位乘客餘怒未消，擺出一副不開心的樣子。

臨到目的地之前，那位乘客要求空姐把留言本拿給他。很顯然，他要投訴這名空姐。飛機安全降落。所有的乘客陸續離開後，空姐緊張極了，以為這下完了。沒想到，她打開留言本，卻驚訝發現，那位乘客在留言本上寫下的並不是投訴，相反卻是一封熱情洋溢的表揚信：「在整個過程中，你表現出真誠的歉意，特別是你的十二次微笑，深深打動了我，使我最終決定將投訴信寫成表揚信。你的服務品質很高，下次如果有機會，我還將乘坐你們這趟航班。」空姐看完信，激動得熱淚盈眶。

哈佛心理學家指出，在人際交往中，我們要贏得他人的好感，必須要學會微笑，像故事中的那位空姐一樣，用自己迷人的微笑來贏得他人的好感。微笑就像溫暖人們心田的太陽，沒有一塊冰不會被融化。要帶著真心、誠心、善心、愛心、關心、平常心、寬容心等去微笑，別人就會感受到你的心意，被你這份心感動。微笑可以使你擺脫窘境，化解人們彼此的誤會，可以體現你的自信和大度。

微笑能在化解矛盾和尷尬方面取得意想不到的效果。微笑是人與人之間最短的距離，縱使再遠的時空阻隔，只要一個微笑就能拉近彼此的心靈距離。

第二章

磁鐵般吸引別人的心理操控術

用小錯誤點綴自己，你會更具吸引力

美國心理學家阿倫森的研究成果得到了哈佛心理學家的普遍認同。阿倫森透過實驗發現，與十全十美的人相比，能力出眾但有一些小錯的人最有吸引力，是人們最喜歡交往的對象。這種現象就是「犯錯效應」（pratfall effect），也稱為仰巴腳效應。

阿倫森讓大家看四個候選人的演講錄影，這四個人是：幾乎是一個完人；一個犯過錯誤、能力超強的人；一個平庸的人；一個犯過錯誤的平庸人。看完影片後，讓所有人評價這四個影片哪一種人最具有吸引力。

結果表明，犯過錯誤、能力超眾的人被認為最有吸引力。幾乎是完人者居於第二位，其次是平庸的人和犯過錯誤的平庸人。

這個著名的實驗很好地證明了生活中常見的一些現象：有一些看起來各方面都比較完美的人，卻往往不太討人喜歡；而討人喜歡的，卻往往是那些雖然有優點，但也有一些明顯缺點的人。

為什麼會這樣呢？這是因為，一般人與完美無缺點的人交往時，總難免因為自己不如對方而有點自卑。如果發現精明人也和自己一樣有缺點，就會減輕自己的自卑，感到安全，也就更願意與之交往。你想，誰會願意和那些容易讓自己感到自卑的人交往呢？所以，不太完美的人，更容易讓人覺得可親、可愛。

從另一個角度來看，世界上不可能存在真正完美、沒有缺點的人。如果一個人總是表現得很完美，倒很容易讓人懷疑其中有造假的成分。或者說，故意把自己表現得很完美，這本身恐怕就是一個不好的缺點。

學會適當的用小錯誤點綴自己，往往能讓你更具有吸引力，更能在人脈圈中左右逢源。

巧妙的讚美博取對方好感

哈佛心理學家認為，與人交流的過程中，尤其是有些陌生的人，適時稱讚對方，不僅能讓對方感到高興，激發他的交談積極性，更容易打開對方心扉，拉近彼此好感，甚至使他變為你的摯友。

法國總統戴高樂一九六〇年訪問美國時，在一次尼克森為他舉行的宴會上，尼克森夫人費了很大的勁佈置了一個美觀的鮮花展臺：在一張馬蹄形的桌子中央，鮮豔奪目的熱帶鮮花襯托著一個精緻的噴泉。精明的戴高樂將軍一眼就看出這是女主人為了歡迎他而精心設計製作的，不禁脫口稱讚道：「女主人為舉行一次正式宴會要花很多時間來進行這麼漂亮、雅致的計畫和佈置。」尼克森夫人聽了，十分高興。事後，她說：「大多數來訪的大人物要麼不加注意，要麼不屑為此向女主人道謝，而他總是想到和講到別人。」在以後的歲月中，不論兩國之間發生什麼事，尼克森夫人始終對戴高樂將軍保持非常好的印象。

別人都沒注意到的地方，戴高樂卻注意到了，並直截了當地將他的欣賞表達出來，這怎能不讓尼克森夫人怦然心動呢？因此，我們在對陌生人加以讚美時，如果能悉心挖掘那種鮮為人贊的地方，對方會非常開心，陌生人很快就會變成摯友。這一點，你完全可以向一位聰明的女人討教，她就是因為拍了《真善美》而紅遍天下的影星茱莉・安德魯絲，她除了演技好、容貌美、歌聲令人陶醉之外，還有一張伶俐的嘴。

有一天，茱莉・安德魯絲去聆聽鼎鼎大名的指揮家托斯卡尼尼的音樂會，在音樂會結束之後，她和一些政要名流一起來到後臺，向大指揮家恭賀演出的成功。

大家都誇獎指揮家：「指揮得實在是棒極了！」「抓住了名曲的神韻！」「超水準的演出！」大指揮家一一答謝，由於疲累，而且這種話實在是聽得太多了，所以臉上顯出有些敷衍的表情。忽然，他聽到一個高雅溫柔的聲音對他說：「你真帥！」抬頭一看，是茱莉・安德魯絲。

大指揮家眼睛亮了起來，精神抖擻地向這位美麗的女士道謝。

事後，托斯卡尼尼高興地到處對人說：「她沒說我指揮得好，她說我很帥哩！」恐怕大指揮家還是頭一回聽到有人讚美他帥呢！

就這樣，大指揮家把茱莉當成了摯友，時時去為她捧場。雖然只是一次見面，大指揮家就時常抱怨與她「相見太晚」。

正如伏爾泰所說：「言而無物，其言必拙。」讚美用語越具體，越說明你對他的了解，這不失為一種特殊的讚美方式。

運用認同術是達成共識的有效方法

在交際中尋找共同點的說話術，俗稱「套交情」，也叫「認同術」。這種認同是交際中與陌生人、朋友、尊長、上司等溝通情感的有效方式。它是要在交際雙方的經歷、志趣、追求、愛好等等方面尋找共同點，誘發共同語言，為交際創造一個良好的氛圍，進而贏得對方的支援與合作。

例如，對待朋友，應該盡量抓緊每一個機會增進交往，和朋友達成共識。你可以及時地給予對方雪中送炭式的幫助，從而拉近你和朋友的距離，使朋友對你更加忠誠。當朋友獲得成功時，及時地由衷地祝福朋友，分享朋友的喜悅，會使朋友更加快樂，並會感激你對他的祝賀。當朋友有困難時，應幫助他渡過難關，真正地體現有福同享、有難同當的精神。

哈佛心理專家認為，如果朋友對你的某些行為流露出不滿甚至批評時，應該弄清友人不滿是什麼原因造成的。有時可能是朋友誤會了你的意思，而有時或許是由於你的粗心沒能照顧到對方的情緒，使對方產生不滿，無論何種原因，你都應該諒解朋友，坦誠地向對方解釋自己的行為，甚至賠禮道歉，以化解對方的不滿，求得對方的原諒。

與朋友交往時應多強調精神因素，淡化物質上的交往。交朋友時以對方的道德品質、脾氣和性格是否與自己的相投作為擇友標準，不要以貧富貴賤作為擇友標準。

哈佛心理學家指出，人與人交往的最好結果是心與心的相通、志與志的相合、心理與心理的相容和分寸適度的距離感。無論哪方面，都應該力求達到一種「求同存異」的效果。

在現實生活中，由於每個人所處的環境不同，因此在經歷、教育程度、道德修養和性格等方面也各不相同，這些方面的差距不應成為友誼的障礙。友誼的長久維持應該是正確對待這類差距的結果。

當然，朋友之間在興趣愛好上有距離是司空見慣的事，如何才能使朋友之間的愛好協調起來呢？哈佛專家講，一般來說，朋友之間的興趣愛好是相近的，但有時又是截然不同的。在這種情況下，應該尊重彼此的興趣愛好，互相取長補短，如此不僅可以拓寬自己的知識面，還能使友誼更上一層樓。

我們常說：「距離產生美感。」朋友之情再深，也沒必要天天黏在一起，因為相距越近，越容易挑剔對方的缺點和不足，忽視對方的優點和長處，長期下去，會導致矛盾摩擦甚至斷交。如果朋友之間保持一定的距離，可以使朋友彼此忽視缺點，而發現的是對方的優點和長處，並對對方有所牽掛，這樣友誼就易於維持下去。

總之，對他人要善於運用認同術，這樣不僅能維持長久的交情，也能完善自己的人際網絡。

第三章

打開對方心扉的心理操控術

巧說第一句話，陌生人也能一見如故

假如在一個嚴冬的夜晚，與一位現在很陌生、但希望將來能成為朋友的人見面，你想說些什麼作為初次見面的開場白呢？

大多數人都認為從談天氣切入最好，如「今晚好冷」。可是，單純使用它，雖然能彼此引出一些話來，但這些話往往對你們彼此無關緊要，於是，再深一步的交談也就出現困難了。不過，如果你這樣說：「哦，今晚好冷！像我這種在南方長大的人，儘管在這裡住了幾年，但對這種天氣還是難以適應。」請相信，對方若也是在南方長大的，就會引起共鳴，接著你的話頭說出一些有關的事；對方若是在北方長大的，他也會因為你在寒暄中提到了自己的故鄉在南方，而對你的一些情況發生興趣，有了要進一步了解你的欲望，從而可把你們的交往引向深入。

哈佛專家指出，人都是獨立的個體，都具有思維能力，與陌生人打交道時，你與對方都會存有一定的戒心，這也是初次交往的一種障礙。而初次交往的成敗，關鍵就要看你們如何衝破這道障礙。哈佛心理學家認為，如果你用第一句話吸引對方，或是講對方比較了解的事，那麼，第一次談話就不僅僅是形式上的客套了。如果運用得巧妙，雙方會因此打成一片，變得容易接近。

總結來說，說第一句話的原則就是親熱、貼心、消除陌生感。常見方式主要有三種：

1. 問候式：「您好」是向對方問候致意的常用語。如能因對象、時間的不同而使用不同的問候語，效果則更好。對德高望重的長者，宜帶敬語，以示敬意；對年齡跟自己相仿者，直呼其名，顯得親切。

2. 攀認式：任何兩個人，只要彼此留意，就不難發現雙方有著這樣或那樣的「親」、「友」關係。

3. 敬慕式：對初次見面者表示敬重、仰慕，這是熱情有禮的表現。用這種方式必須注意：要掌握分寸，恰到好處，不能胡亂吹捧，不說「久聞大名，如雷貫耳」之類的過頭話。表示敬慕的內容也應該因時因地而異。

熟記名字，就容易抓住他的心

哈佛心理學家指出，人們在日常應酬中，如果一個不熟悉的人能叫出自己的姓名，就會產生一種親切感；相反地，如果見了幾次面，對方還是叫不出你的名字，雙方便會產生一種疏離感。事實證明，在公關活動中，廣記人名，有助於公關活動的順利進行。

美國前總統羅斯福在一次宴會上，看見席間坐著許多不認識的人，他找到一個熟悉的記者，從記者那裡一一打聽清楚那些人的姓名和基本情況，然後主動和他們接近，叫出他們的名字。當那些人知道這位平易近人、了解自己的人竟是政治家羅斯福時，大為感動。日後，這些人都成了羅斯福競選總統的重要支持者。

記住對方的名字，最好時而高呼出聲，這不僅是一種禮貌，更是交際場上值得推行的妙招。你想想，對於記住你名字的人，我們怎麼可能不會覺得親切呢，這時，倘若他來與我們攀談時，我們當然報以熱烈回應了。

卡內基小時候曾經抓到一窩小兔子，但是沒有東西餵食牠們。他就想出一個絕妙的主意。他對周圍的孩子們說：「你們誰能給兔子弄點吃的來，我就以你們的名字給小兔子命名。」這個方法太靈驗了，卡內基一直忘不了。當卡內基為了臥車生意和喬治・普爾門競爭的時候，他又想起這個故事。

當時，卡內基的中央交通公司正跟普爾門的公司爭奪聯合太平洋鐵路公司的臥車生意。雙方互不相讓，大殺其價，使得臥車生意毫無利潤可言。後來，卡內基和普爾門都到紐約去拜訪聯合太平洋鐵路公司的董事會。有一天晚上，他們在一家飯店碰頭了。卡內基說：「晚安，普爾門先生，我們別爭了，再爭下去豈不是出自己的洋相嗎？」

「這話怎麼講？」普爾門問。

卡內基把自己早已考慮好的決定告訴他——把他們兩家公司合併起來。他把合作的好處說得天花亂墜。普爾門注意傾聽著，但是他沒有完全接受。最後他問：「這個新公司要叫什麼呢？」

卡內基毫不猶豫地說：「當然叫普爾門皇宮臥車公司。」

普爾門眼睛為之一亮，馬上說：「請到我的房間來好好談一談。」因此寫下一頁嶄新的工業史。

如果你不重視別人的名字，又有誰來重視你的名字呢？如果有一天你把人們的名字全忘掉了，那麼，你也很快就會被人們遺忘。哈佛專家認為，記住別人的名字，對他人來說，這是所有語言中最重要的聲音。

抓住對方心理，就要把話講到關鍵

哈佛心理課上，講師們認為要想讓對方接受你的勸說，首先要了解對方的心理，再通過對方感覺不到的小小壓力漸漸地使他消除戒備心理。

我們往往認為，只要說得有理對方就一定能接受，但是要使對方真正理解並徹底接受，就應該將溝通管道建立在這種理論上。

丹尼大學畢業以後開始找工作。一次，他在一家報紙的廣告裡看到某公司徵聘一位具有特殊才能和經驗的專業人員。丹尼沒有盲目地去應聘，而是花費很多精力，廣泛收集該公司經理的有關資訊，詳細了解這位元經理的奮鬥史。那天見面之後，丹尼這樣開口：

「我很願意到貴公司工作，我覺得能在您手下做事，是最大的光榮。因為您是一位依靠奮鬥取得事業成功的人物。我知道您在二十八年前創辦公司時，只有一張桌子、一位職員和一部電話機，經過您的艱苦奮鬥，才有了今天的事業。您的精神令我欽佩，我正是奔著這種精神前來接受您的挑選的。」

所有事業有成的人，差不多都樂於回憶當年奮鬥的經歷，這位經理也不例外。丹尼一下子就抓住了經理的心理，這番話引起經理的共鳴。因此，經理乘興談論起他自己的成功經歷。丹尼始終在旁洗耳恭聽，以點頭來表示欽佩。最後，經理向丹尼很簡單地問了一些情況，終於拍板：「你就是我們所需要的人。」

如果不知對方心理所想所需，是無法說到關鍵點上面的，所以與人說話時，必須要洞察迎合對方的心理，才能說到關鍵點上面。

第四章

一分鐘迅速掌控人心的方法

服裝，是觀察對方最好的指標

哈佛心理學家認為，人通常藉由衣著打扮來向外界展示自己。

一般來說，喜歡穿簡單樸素衣服的人，性格比較沉著、穩重，為人真誠且熱情。這種人在工作、學習和生活當中，對任何一件事情都比較誠實、肯幹、勤奮好學，而且還能夠做到客觀和理智。但是裝扮過分樸素就不太一樣了，這種情況表示這個人缺乏主體意識、軟弱且容易屈服他人。

喜歡穿單一色調服裝的人，這種人比較剛強正直，理性思維勝過感性。

喜歡穿淡色便服的人，多為比較活潑、健談，並且喜歡結交朋友。

喜歡穿深色衣服的人，性格穩重，凡事深謀遠慮，卻也讓人捉摸不定。

喜歡穿樣式繁雜、五顏六色衣服的人，多半虛榮心較強、喜歡表現自己又愛炫耀。

喜歡穿華麗服裝的人，多半具有很強的虛榮心和表現欲。

喜歡追逐流行服飾的人，最大的特點就是沒有主見，容易隨波逐流，他們大多情緒波動大，且無法安分守己。

選擇服裝有自己獨特風格的人，一般是獨立性比較強，有果斷決策力的人。

喜愛穿同一款式的人，性格大多直率爽朗，他們有很強的自信心，愛恨分明。他們的優點是行事乾脆俐落，言必信，行必果；缺點則是清高自傲，自我意識強烈，常常自以為是。

喜歡穿短袖襯衫的人，他們往往放蕩不羈，但為人卻十分隨和。他們熱衷於享受，凡事率性而為，不墨守成規，喜歡有所創新和突破。自主意識比較強，常常是以個人的善惡來評判一切。他們雖然看起來有點表裡不一，但實際上他們心思縝密，知道自己在做什麼，所以他們能夠三思而後行，不至於任性妄為。

喜歡穿長袖衣服的人，大多數比較傳統保守，為人循規蹈矩。這樣的人最大的優點是適應能力比較強，把他們任意放在哪個地方，都能迅速融入其中，所以通常會營造較好的人際關係。他們很重視自己在他人心目中的形象，希望得到注意、尊重和讚賞，從而在衣著打扮、言談舉止等方面都嚴格要求自己。

喜愛寬鬆自然的打扮，不講究剪裁合身、款式入時的衣著的人，多是內向型的。他們常常以自我為中心，不輕易走進其他人的生活圈。他們有時候很孤獨，也想和別人交往，但與人交往過程總會出現許多不如意，最後仍以失敗收場。他們多是沒有什麼朋友，可一旦有，就會是非常要好的。他們性格中害羞、膽怯的成分比較多，不容易接近別人，也不易被人接近。

表情，是其內心想法的展現

在人類的心理活動中，表情最能反映情緒的變化。表情反映一個人態度、情緒和動機等心理因素的基本線索和外在表現。哈佛專家指出，藉由對一個人臉部表情的觀察和分析，可以了解其內心的欲望、意圖和狀態，藉此即可形成對他的認知。

豐富的表情是反映人們身心狀態的一種客觀指標，有人說面部表情是一種「世界語」，幾乎所有生物中，人的表情是最豐富，也是最複雜的，一個人的表情可以流露出當時的情緒變化。在高明的觀察者看來，每個人的臉上都掛著一張反映自己生理和精神狀況的「海報」。狄德羅在他的《繪畫論》一書說過：「一個人，他心靈的每一個活動都表現在他的臉上，刻畫得很清晰明顯。」

從言談中誘導對方暴露真心

我們在實際與他人交談時，並不是每次都能獲得對方表達單純且肯定的言談，反而往往聽到的都是模棱兩可的話。哈佛心理學家認為，人們說話模棱兩可的原因，不外乎下面三種：

第一種：有意掩飾自己的真心。

第二種：沒有特別強調自己的意見。

第三種：故意不表明自己的立場，以免捲入是非。

學者或是評論家，應記者的要求對微妙的問題發表意見時，雖然會說出一個結論，但最後總會補充一句：「但是，也不無另外的可能。」

經驗豐富的企業主管，在開會時，就懂得把這種「兩面性」很技巧的運用在他的話裡，以便事後有申辯的機會。例如，他會說：「這個問題可說是燃眉之急，因此，我必須慎重考慮，盡可能迅速想出一個萬全的對策。」這句話，既可解釋為「很快就想出對策」，也可以解釋「要花點時間好好研究」。

交談之中，如果所說的內容有濃厚的「兩面性」，那就表示對方為下決定猶豫不已，有意避免造成統一性的印象。乍聽之下，好像意志已定，實則不然。若想揭穿他的真心，這種「兩面性」的理論，也可以成為有效的利器。也就是說，當對方只強調事情的一面來下結論，你就要發出強調另一面的質詞，以此套出他的真意。

當然，「欲速則不達」是真理，「打鐵趁熱」也是真理，每一件事必有它的兩面性，關鍵看他如何視情況應變。

要誘導對方說出他的本意，不妨在交談中故意忤逆對方的意見，處處反駁。接連數次向對方表示「不」，對方的態度必會急速轉變。尤其是對方想要傳達自己心意時，故意打斷且大聲搶話，在這個關鍵時刻對方應該就會露出真心。如果對你不表好感，會抗議道：「喂，你！先聽我說完吧！」「和你這種人談話真討厭！」如果是平常對你抱有好感、賞識你人品的人，稍微讓他感到焦慮並不礙事。不過，如果對方當時心情不佳，或發生不如意的事，就另當別論了。

第四篇

學好讀心術，輕鬆馳騁商界

第一章

看準消費者的心理弱點

消費邊際效應，買越多越便宜

哈佛心理學家分析說，當一個人想在同一個商家手中購買兩個以上的同一物品時，總愛與賣家討價：「我一次買兩個，你算便宜一點吧！」其實，這就是「邊際效用遞減規律」的生動實例。同一物品，對於消費者來說，第二件的邊際效用低於第一件，而第三件又會低於第二件。如果同一件商品一次買上成百上千件，自然也就會獲得遠遠低於「零售價」的「批發價」。

銷售員的業績是通過銷量來體現的。因此，為了盡可能地擴大銷量，我們都希望顧客能在一次性購買盡可能多的量。然而，考慮到他們的「邊際效用遞減心理」，我們在銷售中必須注意實施「多買少算」的策略。

在銷售過程實施「多買少算」、「有買有送」的市場交易規則，就是「邊際效用遞減規律」最生動的體現。對於消費者的「多買少算」心理深入了解後，銷售員既給消費者造成更「實惠」的感覺，又能為自己促進銷量，這正是我們所追求的「完美促銷」。

典型的例子還有健身房、游泳館、遊樂場以及美容會所等服務場所和娛樂場館提供的季卡、年卡。消費者在辦理年卡後，往往在頭兩次享受服務或進行娛樂後，便沒有了新鮮感，之後的消費實際上都是邊際效用遞減的，即便你不限消費次數，消費者也不會真的每天都來。

因此，銷售員應在促銷時注意考慮到消費者的「邊際效用遞減心理」，在促銷時通過批量銷售或是辦理年卡，以理性的或感性的說服技巧告訴消費者長期享受優惠的好處。

爆點家醜，恰恰說明你的誠實

俗話說「家醜不可外揚」，對推銷員來說，如果把自己產品的缺點講給客戶，無疑是在給自己的臉上抹黑，見多識廣的優秀的推銷員怎麼能不誇自己的產品呢？

哈佛心理學家認為，宣揚自己產品的優點固然是推銷中必不可少的，但這個原則在實際執行中是有一定靈活性的，就是在某些場合下，對某些特定的客戶，只講優點不一定對推銷有利。

有些時候，適度把產品的缺點暴露給客戶，是一種策略，一方面可以贏得客戶的信任，另一方面也能淡化產品的弱勢而強化優勢，講一點自己產品的缺點，不但不會使顧客退卻，反而贏得他的深度信任，更樂於購買你的產品。每一件產品都會有缺點，面對顧客的疑問，要坦誠相告。刻意掩飾，不但顧客不相信你的產品，更不會相信你的為人。

告訴客戶真相不一定會有損失，客戶可能因為你的誠實而變得更加忠實。一些推銷人員面對客戶經常造就「超人」形象，極力掩飾自身的不足，對客戶提出的問題和建議幾乎全部應允，很少說「不行」或「不能」的言語。哈佛專家指出，從表像來看，似乎你的完美將給客戶留下信任，殊不知人畢竟還是現實的，都會有或大或小的毛病，不可能面面俱到。你的「完美」宣言恰恰在宣告你的「不真實」。

真誠、老實是絕對必要的。千萬別說謊，即使只說了一次，也可能使你信譽掃地。如果你自始至終保持真誠的話，成交就離你很近。正如《伊索寓言》的作者所說：「如果你說謊，即使日後你說真話，人們也不會再相信。」

優秀的推銷員為什麼講出自己產品的缺點反而成功了呢？因為這個缺點是顯而易見的，即使你不講出來，對方也一望即知，而你把它講出來只會顯示你的誠實，而這是推銷員身上難得的品質，會使顧客對你增加信任，從而相信你向他推薦的產品的優點也是真的。最重要的是他相信了你的人品，那事情一切就好辦了。

第二章

在競爭中輕鬆取勝的心理戰略

他人忽略的地方，藏著你的超額利潤

一個成功的商人要想業務及收入超過別人，最重要的是要在細節上比別人做得更好，硬體上難分伯仲時，就要在軟體上尋求出路。

某地，有兩名報童在賣同一份報紙，二人是競爭對手。

其中一個報童很勤奮、很賣力，每天起早貪黑，沿街叫賣，嗓門也極其響亮，可是有時候，思路不對，再勤奮也是徒勞，這個報童每天雖然很賣力，但是賣出的報紙卻並不多，而且還有逐漸減少的趨勢。

另一個報童肯用腦子，除去沿街叫賣外，他還想出一招「先讀後收費」的行銷方案，他每天堅持去一些固定場合分發報紙，過一會兒再來收錢。結果地方越跑越熟，熟客也越來越多，自然報紙的銷量也越來越好。漸漸地，第二個報童賣出去的報紙越來越多，搶佔的市場份量也越來越大，然而第一個報童每況愈下，最後不得不另謀生路。

同樣一件簡單的事，同樣賣報紙，同樣的時間內，為什麼第二個報童能賺取更大的利潤呢？哈佛心理學家指出，原因就在人們所忽略的細節上：

第一，市場再大也是有限的，想稱霸一方，就要先下手為強。所以，在一個固定地區，讀者是有限的，誰能先發出報紙，誰就能先搶佔客戶，我發得越多，對方的市場就越小。這對競爭對手的利潤和信心都構成可以造成打擊。

第二，報紙首先是文化，其次才是商品，你要找對對象再叫賣，一擊即中。報紙不像別的消費品，它的購買比較隨機，價格便宜，一般也不會因品質問題而退貨。所以，採取「先給他閱讀再來收費」的方式，人們一般不好意思看了你的東西還拿這點小錢為難你，畢竟看報的都是些識字的講道理的人。

第三，即使有些人看了報，退報不給錢，也沒關係。因為報紙這商品沒損壞還能二次消費，再則他已經習慣看你發的報，肯定不會去買別人的報紙，他還是你的潛在客戶。

這就是心理學上著名的「錨定效應」（Anchoring Effect），一般又叫沉錨效應：在人們做決策時，思維往往會被得到的第一資訊所左右，它會像沉入海底的錨一樣把你的思維固定在某處。

懷舊心理，有「機」可尋

總有那麼一部分人懷念過去，而聰明的商人便利用人們的懷舊心理，從中尋找商機。有一個廣為流傳的關於黑麵包的故事：

第二次世界大戰期間，由於戰火蔓延，法國麵包的主要原料——小麥產量急劇下降，法國麵包師們不得不在麵粉中加入大量大麥、馬鈴薯、蕎麥等代用品，因此麵包就變得越來越黑，最後成了黑褐色，人們俗稱黑麵包。

謝遼沙就是一位製作這種黑麵包的麵包師。

第二次世界大戰結束後，法國經濟得到復甦，小麥產量增加，麵包業也逐漸恢復和發展起來。此時，白麵包逐漸取代了那種象徵苦難的「黑麵包」，電烤箱也取代了手工製作。然而，謝遼沙卻繼續用手工製作黑麵包。

當時有很多同行的朋友勸他適應市場潮流，改換麵粉，再買一台電烤箱，像其他麵包師一樣做些不費勁的麵包，以提高效益。但是謝遼沙總是聳聳肩膀，付之一笑，依然我行我素。因此，人稱他為「癡人」、「呆子」，並被當做一個笑料。但他毫不在乎：「白麵包既無味，又不好看，也缺乏褐色麵包的營養價值，對身體無益，我不做白麵包！」

隨著時間的推移，謝遼沙的觀點得到了證明。

在二十世紀初，法國人每天平均麵包的消費量為八百公克，但是漸漸有下降的趨勢，待第二次世界大戰結束時，麵包消費量下降到四百公克。面對這種情形，許多麵包製作商紛紛因效益不佳而另尋出路，唯獨謝遼沙的「天然」麵包卻因其良好的品質，以及人們懷舊心理的契合，銷售量以每年百分之三十的增加率提升，而且銷量持久不衰。

謝遼沙是一個對人心理洞察力很強的人，他明白一方面技術的進步並不會替代那些用手作出來的可口麵包，另一方面，雖然二戰並非好事，但那畢竟是生命中一段很難忘的日子。隨著時間流逝，對那時發生的事情難免會懷念。所以「謝遼沙麵包」一直有市場。

哈佛心理學家認為，當人們的需求得到各方面的滿足時，人們便會開始懷念那些舊有的東西，充分利用人們的這種懷舊心理，有不少商機可尋。有人開了家專業幫人修復舊照片，並製成配有懷舊文字的相冊的小店，生意相當好。懷舊的產品因加入了人們的感情因素，賣價往往還高於那些時髦貨。商家巧妙利用人們懷舊的心理，讓他們在心理需求上得到了某方面的滿足的同時，自己也大獲其利。

第三章

商務談判，說服要講策略

善用「空間戰」，掌控你的地盤

哈佛心理學家解釋，因為人的心理距離會透過空間距離表現出來，而空間距離會影響人的心理距離。

那些走在一起、坐在一起的人，一定是非常熟悉或較為親密的人。他們或許是在部門裡朝夕相處而建立良好關係的同事，也可能是在開會或公司其他活動中，偶然坐在一起並互生好感的其他同事。而人們下意識遠離的人，要麼是職位相差很遠；要麼是彼此接觸很少，感到陌生；或者是彼此不欣賞甚至不喜歡。

銷售也是同樣的道理，如果要得到客戶的信任，在空間上作一些改變，會產生意想不到的結果。銷售員在推銷產品的過程中，更換位置也是出於同樣的道理。

當銷售員與消費者面對面而坐，消費者面對產品舉棋不定，這時如果銷售員以展示產品為藉口，移到消費者身邊與他（她）並肩而坐，以非常靠近的方式來說服對方，消費者就可能答應買下產品。

看來，要想消除對方的警戒心，縮小彼此的心理距離並不難，只要你善於利用「接近的功效」。找個理由靠近對方，與之並肩而坐，你會發現，事情突然之間會有轉機。

另外，在某種程度上，地位高的人可以侵犯地位低的人的隱私和個人空間。譬如，老闆可以隨意到部門經理的辦公室、部長可以不敲門就進入科長的辦公室。

在心理學的解釋中，這屬於「空間侵犯權」。也就是說一個人的地位越高，能夠占有的空間就越廣闊。相反，地位越低，擁有的空間就越有限。這就是經理可以有獨立辦公室，員工卻只能擠在一個辦公室裡，大家共用一個空間的原因。

在銷售的大型商務談判中，能不能控制對方的空間與能不能占到優勢緊密相連。比如，談判是和對方面對面坐著交談，想要擺出強硬有力的姿態的最好方式，是不露痕跡地把自己的水杯及記事本等個人用品往前放，這就起了侵犯對方空間的作用。而把自己的筆和資料等物品「咚」的一聲放到桌子上，一下占去大半張桌子的情況則被稱為「做標記」，其隱含的意思是「這是我的空間」。這會給對方造成無形的壓力。

另一種情況是在站立時，站立也需要搶占空間。初次與客戶見面一般會先站著寒暄一下。當彼此不熟悉的時候，相距的間隔大概為六十至八十公分，而在這段距離產生的同時，心理的較量也已經開始。從心理學的角度來看，當兩個人面對面站著時，右腳邁出一步，以一種要包圍對方左側的姿勢靠近對方，會在心理上處於優勢地位。

哈佛心理學家認為，在銷售談判中，「地盤」在人們的心裡同樣起著不容小覷的作用。進行商業談判時，你應該盡量讓對方來你的公司或者選擇自己熟悉的場所。特別是第一次見面的時候，因為自己熟悉的空間此時就變成了「優勢空間」，在熟悉的環境中，就不會產生不必要的緊張，並且能給對方施加心理上的壓力。就如同體育比賽中「主場」和「客場」的概念，經調查分析，任何球隊在主場獲勝的幾率都遠大於在客場。

在銷售談判中經常會有招待客戶的情況，這時選擇自己常去的餐廳已經是大家共有的常識。因為你熟悉的餐廳就好像是你的領地，能夠讓你獲取心理上的「主場」優勢。而如果是接受對方的招待，若有條件，可以事先去談判場所看一下，熟悉談判場所的基本資訊，這樣有助於心理壓力的減輕。

環顧左右，迂迴入題

「環顧左右而言他」這句話，我們都不陌生，但在談判中，如何運用它，也許不是每個人都熟悉的。在談判中，特別是開談之前，巧妙運用其法將有利於你取得談判的勝利。

哈佛心理學家指出，談判開始之初雖然雙方人員外表彬彬有禮，但內心卻對對方存有戒備心理，如果這個時候直接步入主題，進行實質性談話，往往會提高對手的警覺心理。因此，談判開始的話題最好是鬆懈的，非業務性的，要善於運用環顧左右，迂迴入題的策略，給對方足夠的心理準備時間，為談判成功奠定一個良好的基礎。

環顧左右，迂迴入題的做法很多，下面介紹幾種有效的入題方法：

一、從題外話入題

談判開始之前，你可以談談關於氣候的話題。如「今天的天氣不錯。」「今年的氣候很怪，都三、四月了，天氣還這麼冷。」也可以談有關旅遊、娛樂活動、衣食住行等，總之題外話內容豐富，可以說是信手拈來，不費力氣。你可以根據談判時間和地點，以及雙方談判人員的具體情況，脫口而出，親切自然，不必刻意修飾。

二、從「自謙」入題

如對方為客，來到己方所在地談判，應該向客人謙虛表示各方面照顧不周，沒有盡好地主之誼；也可以由主人介紹一下自己的經歷，說明自己缺乏談判經驗，希望各位多多指教，希望透過這次交流建立友誼等等。簡單的幾句話可以讓對方產生親切的感覺，心理戒備也會很快消除。

三、從介紹己方人員情況入題

在談判前，簡要介紹一下己方人員的經歷、學歷、年齡和成果等，讓對方有個大概的了解，這既可以緩解緊張氣氛，又不露鋒芒地顯示己方的實力，使對方不敢輕舉妄動，暗中給對方施加心理壓力。

四、從介紹己方的基本情況入題

談判開始前，先簡略介紹一下己方的生產、經營、財務等基本情況，提供給對方一些必要的資料，以顯示己方雄厚的實力和良好的信譽，堅定對方與你合作的信心。

五、投石問路巧試探

投石問路是談判中一種常用的策略。作為買家，由此可以得到賣家很少主動提供的資料，來分析商品的成本、價格等情況，以便作出自己的抉擇。

投石問路是談判過程中巧妙地向對方試探的一種方法，它在談判中常常借助提問的方式來摸索、了解對方的意圖以及某些實際情況。

如當你希望對方作出結論時，可以這樣提問：「您想訂多少貨？」「您對這種樣式感到滿意嗎？」

總之，每一個提問都是一粒探路的「石子」。你可以通過對產品品質、購買數量、付款方式、交貨時間等問題來了解對方的虛實。而面對這種連珠炮式的提問，許多賣主不但難以主動出擊，而且寧願適當降低價格，而不願疲於回答詢問。因此，在談判中，恰到好處地使用「投石問路」的方法，你就會為自己一方爭取到更大的利益。

取得談判勝利的八種技巧

哈佛心理學家認為，談判是一種過程，也是一種謀略的較量心理的較量，不了解談判技巧，無法進入實際的談判過程。下面介紹八種談判技巧：

一、給人一個「千萬別錯過」式的暗示

「迷惑」是人類心理狀態的一種，在人的潛意識裡，總認為還會有更好的存在。人的意識深處都藏有相當濃厚的尋求更好的欲望，這種欲望就是造成「迷惑」的主要原因。

妨礙果斷行動的潛在心理，往往都是因為「還有」的意識存在。如果在限定的時間內，迫使對方作出決策，他就能夠在很短的時間內做出決定。例如，在銷售談判中，你可以告訴正在猶豫不決、無法下決心購買的人說：「優惠價格將於明天截止。」

二、虛張聲勢

為了讓對方產生一種立刻購買的欲望，在推銷產品的談判過程中，可恰當地給對方造成一點懸念，讓他有點緊迫感，產生「現在是購買的最佳時機，否則將會錯過很好的機會」的感覺，這種方法就是積極主動地去刺激顧客，調動顧客的購買欲，這在推銷過程中是很重要的。如果你只是一味等待顧客來與你洽談，讓主動權掌握在顧客手中，你的推銷談判將不易成功。

三、製造優勢

談判中雙方在條件、地位等方面的優勢，是起決定作用的。但是，談判是一個動態系統，各項條件是可以變化的。在總體不利的時候，可以採用一些策略，來製造自己的優勢。

四、裝聾作啞

在談判中，正確的答覆未必是最好的回覆。對有些問題不值得回答，可以表示無可奉告，或置之不理，或轉換話題；對有些問題整個回答，倒不如只回答問題的一部分更有利；對有些問題不能做正面回答，可以採取答非所問的迴避方法。這類應答方式稱為躲避式應答。

五、刨根問底

作為一個精明的賣主，必須能夠尋找出對方可以妥協和讓步的地方。對方在哪些方面躲躲閃閃，哪些地方避而不談，便可以此為突破口，擊中對方的要害。這時你需要有窮追不捨的精神，打破沙鍋問到底，最好的方式是多問「為什麼」。如果對方繼續解釋，就可以抓住他的要害，從而解決問題。

同時，聰明的買主，經常會提出一些含糊不清的問題，這問題也是可以做多種解釋的問題，目的是套出對方的話。

針對這些問題，在你沒有了解對方的意圖或問題本身的含義之前，千萬不要輕易回答，更不要做正面回答，你最好回答一些非常概括、原則的問題。輕易將自己的真實情況毫無保留地洩露給對方是極不明智的。

六、逆向思維

在商務談判中，如突然遇緊急情況百思不得其解時，可以從反向角度即倒過來想想看，有時能取得意想不到的效果。

七、捨小求大

談判中有一條原則，叫做「統籌計算」。在許多綜合性談判中，議題往往有好幾個，具體爭論點可能會更多。善於談判的人不是處處都「以牙還牙」，寸步不讓，而是做到讓少得多，讓小得大。談判中時刻要有全盤的統籌計畫，這才是聰明又高明的談判方式。談判中有些無關緊要的問題，最好不要爭論。

八、打好週邊戰

談判中，面對面之外的週邊戰相當重要。先週邊後內裡，先低層後高層，先幕後再公開，在談判場外找到雙方的共同點，可以為場內談判造就相對優勢。談判中的週邊戰，是聯絡感情、溝通資訊、影響對手的手段，是對正式談判的一種補充。

第四章

猛火快攻，打破對手心理防線

適當製造壓力，給客戶一些「被威脅」的緊迫感

你喜歡被人威脅的感覺嗎？相信沒有人會喜歡的，因為威脅的背後是巨大的壓力。哈佛專家卻認為，在銷售中，有時候「威脅」不但不會嚇走客戶，還會讓客戶主動成交，關鍵是你能不能用好「威脅」這個武器。

銷售員可以藉由改變策略，利用客戶「怕買不到」的心理，對客戶稍加「威脅」，增加客戶購買的緊迫感，就會忙被動為主動，讓客戶很快做出決定。如果銷售員在銷售中，真誠說服，同時在必要時適當地向客戶提出「假如此時不買我們的產品，您將會受到損失」的暗示，也許會有意想不到的效果。

哈佛心理學家分析說，客戶購買產品或者服務，一方面是從中獲得某種實惠或者給自己帶來方便快捷，另一方面則是獲得一定的安全或健康需要。當銷售員發現客戶對產品或服務比較關注時，便可以巧妙提醒客戶，如果不及時購買此類產品或服務，將會失去重要的安全或健康保障。當然進行所謂的「威脅」暗示的前提是，銷售員已經清楚客

戶最關注的產品優勢是什麼，只有正確做出定位，才能使「威脅」起效用。

一位商人帶著三幅名家畫作到法國出售，被一位法國畫商看中。這位法國人認定：既然這三幅畫都是珍品，必有收藏價值，假如買下這三幅畫，經過一段時期的收藏肯定會漲價，那時自己一定會發一筆大財。於是，下定決心無論如何也要買下這些名作。

主意打定，法國畫商就問商人：「先生，你的畫不錯，請問多少錢一幅？」

「你只買一幅，還是三幅都買？」商人不答反問。

「三幅都買怎麼講？只買一幅又多少錢？」法國人開始算計了。他的如意算盤是先和商人敲定一幅畫的價格，然後，再和盤托出，把其他兩幅一同買下，肯定能便宜點，多買少算嘛。

商人並沒有直接回答他的問題，只是臉上露出為難的表情。法國人沉不住氣了，說：「你開個價，三幅一共要多少錢？」

這位商人知道自己的畫有多少價值，而且他還了解到，法國人有個習慣，喜歡收藏古董名畫，他要是看上，是不會輕易放棄的，肯定出高價買下。他從這個法國人的眼神中看出，他已經看上了自己的畫，於是他的心中就有底了。

於是商人回答說：「先生，如果你真想買的話，我就便宜點全賣給你，每幅三萬美元，怎麼樣？」

這個法國畫商也不是商場上的平庸之輩，他一美元也不想多出，便和商人討價還價，一時間談判陷入僵局。

忽然，商人怒氣衝衝地拿起一幅畫就往外走，二話不說就把畫燒了。法國畫商看著一幅畫被燒非常心痛，他問商人剩下的兩幅畫賣多少錢。

想不到商人這回要價口氣更強硬，聲明少於九萬美元不賣。少了一幅畫，還要九萬美元，法國商人覺得太貴，便要求降低價錢。

但商人不理會這一套，又怒氣沖沖拿起一幅畫燒掉了。

這回畫商大驚失色，只好乞求商人不要把最後一幅畫燒掉，因為自己實在太愛這幅畫了。接著，他又問這最後一幅畫多少錢。

想不到商人張口竟要十二萬美元。商人說：「如今，只剩下一幅了，這可以說是絕世之寶，它的價值已大大超過了三幅畫都在的時候。現在我告訴你，如果你真想要買這幅畫，最低得出價十二萬美元。」

畫商一臉苦相，沒辦法，最後只好成交。

當我們用語言或行動暗示客戶，如果此時不購買產品可能會失去某些利益時，就會對客戶帶來很大的觸動，讓客戶產生緊迫感，從而起到「購買從速」的效果，但是前提是你的產品要讓客戶滿意。

放出稀缺光，直擊客戶擔心錯過的心理

在生活中我們會發現，往往越稀少的東西價格越昂貴。哈佛專家從心理學角度分析，認為這反映了人們的一種深層的心理，因為稀缺，所以害怕失去，「可能會失去」的想法在人們的決策過程中發揮著重要的作用。經心理學家研究發現，在人們的心目中，害怕失去某種東西的想法對人們的激勵作用通常比希望得到同等價值東西的想法作用更大。這也是稀缺原理能夠發揮作用的原因所在。

而在商業與銷售方面，人們的這種心理表現尤為明顯。例如商家總是會隔三差五地搞一些促銷活動，打出「全場產品一律五折，僅售三天」、「於本店消費的前三十名客戶享受買一送一的優惠」等標語，其直接結果是很多消費者聽到這樣的消息都會爭先恐後地跑去搶購。為什麼？因為在消費者心中，「機不可失，時不再來」對他們的心理刺激是最大的，商家利用的就是客戶的這種擔心錯過的心理來吸引客戶前來消費。

巧解談判中的僵局

談判中的僵局是指在談判過程中，雙方因暫時不可調和的矛盾而形成的對峙。哈佛心理學家認為，一旦談判陷入僵局，就會影響談判效率，挫傷談判人員的自尊心。因

此，在談判中要盡量避免出現僵局。談判僵局一旦處理不好，就有可能真的把談判推向死胡同，相反，如果能恰當地應用某些策略和方法，還是可以「起死回生」的。

一般情況下可以採取下列對策來緩和雙方的對立情緒，使談判出現新的轉機：

一、更換談判組成員

讓可能刺激對手的成員離開。非常有經驗的談判專家不會觸怒對方而被要求離開，因為他可能要在「壞人策略」中扮演很重要的角色。現在是出於僵局，是要減輕對方壓力的時候，可以讓這些人從你的談判組中離開，以做出讓步。在談判技巧中，有一種很常見的談判策略就是「好人」和「壞人」的策略，或者叫做「黑臉」和「白臉」的策略。在談判組成員中，一個人扮演「好人」的角色，也就是對對方來說是相對的好人，他表面上總是從雙方的利益考慮，不偏不倚，總是為了促使談判的順利進行，不過分要求對方做出某些讓步，而是對對方態度誠懇。而「壞人」則是處處不肯讓步，逼著對方做出妥協。在這種情況下，對方當然希望和「好人」談判，而事實上，「壞人」一般都是在談判中起主要作用的人，暫時讓「壞人」退出，以緩解氣氛，是必要的退卻。暫時的退卻可能換來更大的勝利。

二、避重就輕，轉換話題

轉換話題也就是不談和談判議題有關的事，只談一些毫不相關的東西，以使雙方緊繃的神經得到暫時的緩解。當然聰明的談判者還可以通過這些看似不相關的話題，引起對方的興趣和共鳴以作為下一步雙方談判的主旋律。並且逐漸將話題引到正題上，使對手在不知不覺中，就上了自己的當，從而為打破僵局，搶占談判主動權贏得先機。

三、運用休會策略

對己方來說，最好在休會前對自己的方案再做一次詳盡的解釋，提請對方在休會時做進一步的考慮。休會是使雙方冷靜的最好方法，由於雙方都在火頭上，此時稍有不慎，隨時可能有「著火」的危險。富有經驗的談判者一般都會在僵持不下的情況下，主動提出暫停。暫停的時間可以依據各個談判的實際情況而定，可以是一個晚上，也可以是一頓飯的時間，給對方充足的時間考慮自己的談判策略。

四、幽默以對

當談判陷入僵局無法繼續進行的時候，恰到好處地使用幽默，有利於打破僵局，使冷場的窘境在笑聲中得到緩解。我們要學會理解幽默和善於運用幽默，必須從兩個方面加強修養。一方面要不斷地清除自身瑣碎、渺小、卑微的缺點和陋習，陶冶自己的情操，提升自己的人格。另一方面要努力學習，經受實際考驗，使自己富於才華和機智，遇事才能顯出敏捷的思維和機智的應變能力。

五、總結已達成一致的議題，消除因僵局導致的沮喪情緒

談判的內容通常牽連甚廣，不只是單純的一項或兩項。在有些大型的談判中，最高紀錄的議題便多達七十項。當談判內容包含多項主題時，可能有某些項目已談出結果，

某些專案卻始終無法達成協議。這時候，你可以這麼「鼓勵」對方：「看，許多問題都已解決，現在就剩這些了。如果不一併解決的話，那不就太可惜了嗎？」這就是一種用來打開談判僵局的說法，它看來稀鬆平常，實則發揮莫大效用。

第五篇

從心出發，做一流的管理人

一流上司的管理金鑰匙

尊重員工，才能管好員工

每個人都有自尊心，都希望被人尊重，員工更是如此。身為企業的管理者只有尊重員工，員工才會更加尊重你，更努力工作。每個企業面臨的最嚴重問題都是人的問題，員工是企業最重要、最富有創造力的「資源」，他們的貢獻維繫著企業的成敗。

IBM公司提出的口號就是「尊重個人」，如果員工不能在公司受到尊重，就談不上期望員工能夠尊重和認同公司的管理理念及企業文化。作為管理者，更應該身體力行，把尊重員工落到實處，而不只是停留在口頭上。

哈佛專家指出，尊重員工首先是尊重員工的言行，管理者應該最大限度地與員工進行平等的溝通，而不是對員工的言行不聞不問。要讓員工能夠在上司面前自由地發表自己的意見和看法，這一點非常重要。

在IBM的種種措施中，良好的溝通機制是獨具特色的。因為IBM公司深深懂得，只有良好的溝通，才能確保員工對公司的認同感和忠誠，使員工感受到自己是公司的一員，而不只是依令行事的雇工，這樣才能發揮員工的積極性和自主意識。通過溝通，使員工確認自己在公司中的價值，是IBM成功的重要因素之一，因為對於企業來說，最可怕的事情就是員工缺乏工作熱情。IBM通過幫助員工看重自己，從而為企業帶來巨大利益。

「尊重員工」這個信念融入IBM的體制當中，他們強調管理要以人為中心，充分尊重員工的價值，重視人的需求的多樣性，運用共同的價值觀、信念、和諧的人際關係等，成功激發了員工的工作熱情，並持續保持了他們高昂的士氣。

每一名員工都希望自己的意見、想法被管理者重視，都希望自己的能力得到管理者的認可。一旦人們感覺到自己是被重視的，被尊重的，他們就會有一種不負使命的心理，工作熱情也就格外高昂。所以，作為管理者，一定不能忽視對員工的尊重需要的滿足。

要先了解員工的需求，然後再進行激勵

激勵員工是管理者進行管理的一個有效手段，這種措施能否取得理想的效果，就需要管理者掌握一定的心理技巧。

哈佛心理學家認為，作為一個管理者，在激勵下屬時要先了解他的需求，而後採取

相應的激勵方式，這才能起到良好的效果。

現代社會，很多企業利用提高工資待遇來激勵員工，毋庸置疑，這種物質激勵法可以讓員工從工作中獲得滿足，從心理上得到慰藉。但作為管理者，對員工進行物質激勵的同時，也不能忽視對員工進行情感激勵。人在滿足較低層次的需要之後，會產生較高層次的需要，因而管理者要適時給予情感激勵，以激發員工工作的積極性，使其發揮最大的潛能。

精神激勵是對員工工作的一種激勵形式，比起物質激勵，精神激勵更能滿足員工高層的需求，可以使員工充分發揮內在的潛力，從而提高工作效率。哈佛專家提出三個進行精神激勵的有效方法：

1. 在工作中擴展個人成就，增加表彰的機會，加入更多必須負責任和具有挑戰性的活動，提供個人晉升或成長的機會。

2. 讓員工執行更加有趣而困難的工作，這可讓員工在做好日常工作的同時，學習更難做的工作，可以鼓勵員工上夜校去提高自己的技能，從而勝任更重要的工作。做更困難的工作，給了他展示本領的機會，這會增加他的才能，使他成為一個有價值的員工。如果一位員工在工作中不斷得到發展，那麼他往往是一位奮發、愉快的員工，其創造力、聰明才智會得到充分發揮。

3. 給予真誠的表揚。當員工的工作完成得很出色時，要恰如其分地給予真誠的表揚，不要籠統地用「謝謝你的努力」這樣的評語，應具體的表揚。

把競爭機制引進管理當中

挪威人愛吃沙丁魚，不少漁民都以捕撈沙丁魚為生。因為沙丁魚只有活的才鮮嫩可口，所以漁民出海捕撈到的沙丁魚，如果抵港時還活著，賣價要比死魚高出好多倍。但是沙丁魚總是還沒到達岸邊就口吐白沫了，於是漁民們想各種辦法，想讓沙丁魚活著上岸，但都失敗了。

然而，有一條漁船總能帶著活魚上岸，這條船又有什麼祕密呢？原來，他們在沙丁魚槽裡放進了鯰魚，鯰魚是沙丁魚的天敵，當魚槽裡同時放有沙丁魚和鯰魚時，鯰魚出於天性會不斷追逐沙丁魚。在鯰魚的追逐下，沙丁魚拚命游動，激發內部活力，從而活了下來。

這個故事就是心理學中「鯰魚效應」（catfish effect）的由來。所謂鯰魚效應，就是通過引入競爭，刺激對方，來保持活力。我們知道一種動物如果沒有外界的刺激，就會變得死氣沉沉。同樣，一個人如果沒有對手，那他就會甘於平庸，養成惰性，最終導致碌碌無為。

哈佛認為，身為領導者一定要知道善於利用「競爭」來調整員工的工作積極性。

一般來說，企業可以從這兩方面下手：

一、「招兵買馬」，適當重組公司的人員結構

一個單位或部門，如果人員長期固定，彼此太熟悉，就容易產生惰性，削弱組織的活力。這時，如果能從外部招聘個別「鯰魚」，他們就能以嶄新的面貌對原有部門產生強烈的衝擊，可以刺激其他員工的競爭意識，克服員工安於現狀、不思進取的惰性。

二、引進應屆畢業生

現在，很多企業不願意招收缺乏工作經驗的應屆畢業生，只有少數企業對應屆畢業生敞開大門。但就是這少數的幾家企業成為掌握祕密的「漁夫」，因為應屆畢業生給這些企業帶來了「鯰魚效應」，增強了整個團隊的競爭意識和危機意識，促使企業的競爭力不斷提升。所以，當你的公司人員出現渙散、精神不濟、積極性減弱等狀況時，不妨適當引入一些應屆畢業生來刺激員工的工作積極性。

此外，鯰魚威脅沙丁魚的生存，只是使沙丁魚發揮生命的潛能從而達到保鮮作用，而人才的引進一方面可以調動機構人員的積極性，另一方面可以帶來先進的管理經驗和專業技術。因此，現代意義的人力資源管理成為「鯰魚效應」的最大受益者。

第二章 管好人要從「心」出發

看懂下屬的真心

每個公司都會有虛偽的人。投機者、獻媚者、偽善人、勢利小人等都善於偽裝。他們當面一套，背後一套，表面一副樣子，內心又是另一種想法。所以，哈佛專家認為，看懂下屬的真心對一個人事業的成敗十分重要。

作為領導者，如何練就一雙火眼金睛，不被心術不正的下屬所矇騙呢？哈佛心理學家建議，領導者不妨調整自己的心態，試試下面的做法：

一、給自己樹立一個衡量標準

人常說心明眼亮，實際上「眼亮」是由於「心明」，要想「心明」就要掌握人們言行的規律，諳熟這些規律，再結合實際情況進行具體分析，辨別真偽。言為心聲，人們的言行都受心理活動的制約，能夠表現出一定的本性和習慣。所以，主管一定要時刻關注下屬的真實動機及其性格。

二、提醒自己，經常恭維你的人，他的表現很可能是不真實的

主管必須要牢記一句話，那就是：當面怕你的人，並非膽小怕事，他背後一定恨你。在很多時候，有的人表現出一副忠厚老實的樣子，其實這是一種偽裝，這種人雖然很善於偽裝自己，卻往往包不住內心的虛偽。主管只要有足夠的細心並善於分析他所說的話及所做的事究竟有何目的，那麼他們的企圖是不難識破的。遇到這種假意奉承、勉強附和的人，千萬不要被他的言語所迷惑。

三、行動是最重要的資訊

有的人在事不關己的時候，往往會表現出極大的熱情，會說一大堆不痛不癢的漂亮話，而一旦遇到與自身有利害衝突的事情的時候，馬上又會換成另一副完全不同的面孔。這種人的熱情善良都是虛偽的。對於這種人，千萬不要指望他能為公司作出什麼貢獻。另一些人則輕於承諾，表面上看起來爽快能幹、熱心、堅定，但是實際上是很沒有信用的。這種人往往當面一套，背後一套，事後又會找出各種理由替自己辯解，所以不要輕易相信這種人。相反地，有些人的表現看起來笨笨的，而實際上對一切事情都十分明白，這些人往往大智若愚，但都能使命必達。

所以，要看懂下屬的真心，須靜觀其所作所為，從他的一言一行中去了解他。考察一個人，主要是看他做一件事的動機與行為，特別是行為，切不可被表面現象所蒙蔽。

信任是籠絡人心最好的方法

要籠絡下屬，當然應表達對下屬的信任，信任是最好的籠絡手段，領導者必須信任下屬，依靠下屬。如果連下屬都信不過，勢必也難以讓下屬信任自己，又如何談得上籠絡？

怎樣使下屬真正認識和體會到你是信任他們的呢？哈佛專家認為，關鍵在語言和行動。

無論是個別談話，還是在大庭廣眾之下，要在語言上表現出主管始終是相信下屬、依賴下屬、尊重下屬的。在順境中取得成績的時候是這樣，在逆境中、遇到困難的情況下，也要表現出充分信任下屬，相信下屬是會衝出困境。

主管在「疑人不用」的前提下，應給予應有的信任，以激發下屬的工作熱情和獻身精神。工作中要體現出對下屬的信任，集中表現就是善於虛心聽取採納各方面的意見。無論在哪個環節上聽取下屬的意見，無論聽取的是下屬哪部分的意見，都不能為了裝點門面、擺擺樣子、敷衍了事，而是應該真心實意充分發揮民主，認真地聽取各個方面的不同意見，讓下屬充分講話，對不符合自己心意的話，對刺耳、尖銳的話，對少數人的話，更要耐心聽，認真分析，客觀公正地予以評價。這樣，才能使下屬感到你確實值得他們信賴。那麼，下屬也會掏盡肺腑，奉獻全部的智慧和力量。

用細微的關懷籠絡員工的心

得到關心和愛護，是人的精神需要。它可溝通人們的心靈，增進人們的感情，激勵人們奮發向上，挖掘人們的潛力。哈佛心理學家認為，作為一個企業管理者，對下屬必要的關懷，可以調動他們的工作積極性，也有利於開展工作。所以，在實際的管理工作中，要隨時注意員工的情緒變化，以便隨時對其進行慰藉和援助。

員工生活在冷漠的環境裡，會產生孤獨感和壓抑感，情緒會低落，積極性會受挫。所以，作為一個管理者，你要想抓住下屬的心，就要多觀察下屬，注意員工心理的微妙變化，並適時地說出適合當時狀態的話或採取行動。

哈佛心理學家建議，對於員工不同的狀態，要有不同的處理方式：

1.工作不順心時：因工作失誤，或工作無法照計畫進行而情緒低落時，就是抓住下屬心的最佳時機。因為人在徬徨無助時，希望別人來安慰或鼓舞的心情比平常更加強烈。

2.人事異動時：因人事異動而調到我們單位的人，通常都會有交織著期待與不安的心情。應該幫助他早日去除這種不安。

3.下屬生病時：身體不適時，人們的心靈總是特別脆弱。

4.為家人擔心時：家中有人生病，或是為小孩的教育煩惱時，心靈總是較為脆弱。

領導者應該學習把婚喪、喜慶事件當做是拉近與下屬關係的良機。

因此下屬情緒低落時，應做適時的慰藉、忠告、援助等，會比平常更容易抓住下屬的心。

第三章

破解管理中的常見難題

給員工排解怨氣的管道

哈佛心理學家認為人的內心有某些潛在的心理特點：

一、渴望被重視，這是一種普遍存在的心理需求

當工人們產生愉快心理後，周遭的一切都變成了他們喜歡的東西，生產條件也變成次要的了。他們會盡自己最大努力按照老闆希望的那樣去做，儘管他們想的與老闆想的並不相同，但他們知道提高勞動效率是人們共同關注的目標。

二、人不能被動工作，必須激發他們的積極性

影響生產效率的最重要因素不僅僅是金錢，而是工人們自動自發的責任感。要培養工人高度的責任感，必須向工人提出高標準的勞動要求。低標準只會抑制工人的勞動積極性；高標準也並不是標準越高越好，而是合情合理，經過一定的努力可以達到的。這樣，工人為回報廠方對自己能力的信任，就會盡力完成制定的目標。

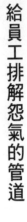

三、工人的滿意度，在決定生產效率的諸多因素中居於首位

工作效益與制度的人性化和員工的良性情緒有關係。員工心情舒暢，幹勁才會倍增。如果管理者只是根據效率要求來刻板管理，而忽略工人的心理感受，必然會造成雙方情緒的不快，影響生產率和目標的實現。所以，提高工人的滿意度是企業管理中最重要的一項內容。

近年來，法國還出現了一個新興行業——運動消氣中心，僅巴黎就有上百個。出此創意的人大都是學運動心理專業的，他們認為運動可以解決人們的心理問題，尤其是心情積鬱等諸多問題。每個運動中心都聘請專業人士做教練，指導人們如何通過喊叫、扭毛巾、打枕頭、捶沙發等行為進行發洩。也有的通過心理治療，先找出「氣源」，再用語言開導，並讓「受訓者」做大運動量的「消氣操」。無獨有偶，近幾年來在美國也誕生了各種專供人在受了委屈後發洩的「洩氣中心」。在這裡，有的醫生採用發洩療法對病人施治，具體作法是召集病人圍坐在一起，讓大家毫無顧忌地發怨氣、「吐苦水」。

危機時代，要學會「預防性管理」

哈佛心理學家指出，企業危機是指在企業內部矛盾、企業與社會環境的矛盾激化後，企業已不能按照原來的軌道繼續運行下去的緊急狀態，表現為失控、失範和無序。

如今，日益激烈的競爭，充滿變數的非直線性發展的外部力量的變化，徹底打破了經驗主義者理想的思維方式，如果僅僅依靠並沿襲往日成功的經驗來經營企業，將會在不知不覺中鑄成危機。局部的、組織的甚或個人的行為，均可能演化為企業的威脅。危機一旦降臨，企業將可能面臨的主要後果有：利潤降低；市場份額減少，失去市場甚至導致破產；商業信譽被破壞，形象、聲譽嚴重受損等。

在實際工作中，有一種叫「預防性管理」的思想，認為要想避免管理中不想要的結果出現，就要在事情發生前，採取一些具體的行動。所以，當危機即將來到時，在還未出現破窗現象時，我們就要做好預防準備。哈佛專家提出以下兩點可以作為我們的參考：

一、樹立危機意識

所謂樹立危機意識，就是在危機發生前，對危機的普遍性有足夠的認識，面對危機臨危不懼，積極主動地迎戰危機，充分發揮人的主觀能動性和創造性。從主觀上來看，沒有人希望危機出現，俗話說「天有不測風雲，人有旦夕禍福」，無論是天災還是人禍，危機都有可能發生，應急措施可將損失降到最低限度或限制在最小範圍。

二、做好危機的預控

危機預控是在對危機進行識別、分析和評價之後，在危機產生之前，運用科學有效的理論及方法，以減少危機產生的損失、增加收益的經濟活動。企業可採取回避、分散、抑制、轉嫁等有效措施的有機結合，通過互相配合、互相補充，達到預防和控制危機的目的。

用好情緒感染下屬

哈佛心理學家指出，管理者需要時刻保持樂觀健康的情緒，因為你的情緒會影響到員工的情緒，你的態度會影響到大家的態度。如果你已經不堪重負而垂頭喪氣，你的員工還能振作精神嗎？

你的情緒是你自己的，由你自己來控制，只要你努力了，快樂的情緒就不難得到。排除憂愁，化解哀怨，努力去改變自己對事情的看法，事事多往好的一面想，你會發現自己的情緒一天天在改變，心情在一天天變好。只要你去做了，就能收到效果。

作為一位管理者，要是連自己的情緒都無法調節，那你肯定也不會關心你的員工，員工也就不會接納你。

管理者不但要控制自己的感情，還要用自己的好情緒去感染員工，哈佛專家建議記住以下要點：

1. 對於新來的員工，不論男女，管理者都應該主動跟對方握手，力道要能讓對方感覺到你的熱情。

性格開朗。

2.當你走進公司時，別忘記清清楚楚跟員工說聲「你好！」讓人覺得你充滿朝氣，

3.盡量爭取直視對方的機會，大家目光相接的一刻，很容易拉近彼此的距離，令對方覺得你很尊重他。

4.平時需要多留意時事及新消息，使自己就各方面的話題都能跟員工溝通，令員工覺得跟你在一起，眼界頓開，如坐春風。

5.人人都願意受到別人的重視，你應該多向員工提出問題，以示你對他極為感興趣。你不但可以提出一些個人問題，也可以問對方一些較深入的問題。

6.每個人都有自己的長處，你應該努力挖掘員工的長處，稱讚他，誇獎他。

第四章

一流管理者要通曉的心理學智慧

不做二流上司，也不造就三流下屬——帕金森定律

帕金森定律（Parkinson's Law）指一個不稱職的官員，可能有三條出路：一是申請退職，把位子讓給能幹的人；二是讓一位能幹的人來協助自己工作；三是聘用兩個水準比自己更低的人當助手。領導者往往都會選第三條路。

眾所周知，醫學界有一種病叫帕金森症，病人的主要症狀表現為四肢顫動、肌肉僵直和身體運動的遲緩。其實，一個組織機構如果領導不善，也會患上帕金森症，從而導致機構臃腫、人浮於事。

哈佛專家認為，第一條路是萬萬走不得的，因為那樣會喪失許多權力；第二條路也不能走，因為那個能幹的人會成為自己的對手；看來只有第三條路可以走了。於是，兩個平庸的助手分擔了他的工作，減輕了他的負擔。由於助手的平庸，不會對他的權力構成威脅，所以這名官員從此就可以高枕無憂了。兩個助手既然無能，他們只能上行下效，再為自己找兩個更加無能的助手。如此類推，這就是英國歷史學家帕金森在其《官

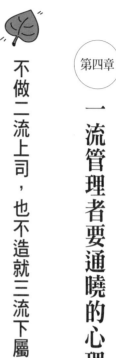

場病》（又名《帕金森定律》）中所提出的帕金森定律。

在《帕金森定律》一書中，總結了組織機構的四大可怕頑症：

一、工作越少，下屬越多

拿軍營來說，如果需要一個人判斷航空照片，長官往往命令一個二等兵去擔任這份工作。兩天後，他開始抱怨了，說照片是那麼多，他需要兩名助手協助；而且為了對助手有指揮權，他自己應該升為一等兵。他的長官非常體諒人，答應了他的要求。之後不久，他的下屬因勢利導也需要助手。於是，在三年內，他擁有了一個八十五人的小組，而且自己也步步高升，成為中校。然而，他自己從來就沒有判斷過一張航空照片，因為他忙於行政事務。

二、談「機」色變，拱手求退

如果你要機構裡的老頭子讓位，或使你心中的對手識趣點，較文明的方法是為他安排不間斷的遠方會議，使他不斷地坐飛機旅行。當他東奔西跑，疲於奔命，視坐飛機為畏途。等他談「機」色變時，自然會拱手讓賢，求饒引退。至於那些想跟你競爭的仁兄，在看到這種折磨時，心驚膽戰，自動投降。

三、姍姍來遲，匆匆離去

帕金森定律告訴你如何分辨酒會上的重要人物。這些人總是在他們認為對自己最有利的時間才姍姍入場。他們不願意在人不多的時候入場，也不願意在人們離開後入場。

他們主要目的是讓大家看到自己也出席，這個目的達到後，這些要人都會爭先恐後地溜之大吉。

四、三流上司，四流下屬

在任何一個地方，我們會發現這樣一種機構：高層人員感到無聊乏味，中層人員忙於鉤心鬥角，低層人員則覺得灰心喪氣和沒有動力。他們都懶得主動辦事，所以毫無績效可言。在仔細考慮這種可悲的情景後，他們在潛意識裡抱著「永遠保持第三流」的座右銘。

權力的危機感產生了帕金森現象。正如恩格斯所言：「自從階級社會產生以來，人的惡劣的情欲、貪欲和權欲就成為歷史發展的槓杆。」

哈佛心理學家解釋說，人作為社會性和動物性的複合體，因利而為，是很正常的行為。假設他的既有利益受到威脅，那麼本能會告訴他，一定不能喪失這個既得利益。一個既得權力的擁有者，假如存在著權力危機，便不會輕易讓出自己的權力，也不會輕易地給自己樹立一個對手。因此，他會選擇兩個不如自己的人作為助手，這種行為無可厚非。

要想解決帕金森定律，就需要營造一個公平、公正、公開的用人機制，不受人為因素的干擾，不要將用人權放在應聘者的直接上司手裡。同時，實現這一用人機制，需要做到三條原則：一是公平競爭，任人唯賢；二是職適其能，人盡其才；三是合理流動，動態管理。

合作，不要讓一加一小於二——華盛頓合作定律

華盛頓合作定律（Washington Company Law），指一個人敷衍了事，兩個人相互推諉，三個人則永無成事之日。意思是，人與人的合作不是人力的簡單相加，而是更為複雜和微妙。

關於黎格曼的實驗結果，很多人都非常好奇，為什麼人多反而影響工作效果呢？哈佛專家解釋說，這就是「華盛頓合作定律」在現實中的一種表現。

在人與人的合作中，假定每個人的能力都為一，那麼十個人的合作結果有時比十大得多，有時甚至比一還要小。因為人不是靜止的動物，更像是方向各異的能量，相互推動時自然事半功倍，相互抵觸時則一事無成。

那麼，我們如何才能創建高績效團隊，讓一加一大於二呢？

一家公司招聘職員，最後要從三位應聘人員中選出兩個。他們給出的題目是這樣的：

假如三個人一起去沙漠探險，在返回的半途中，車子拋錨了。這時，你們只能選擇四樣東西隨身帶著。你會選什麼？這些東西分別是：鏡子、刀、帳篷、水、火柴、繩

子、指南針。而其中帳篷只能住兩個人，水也只有一瓶礦泉水。

甲男選的是：刀、帳篷、水、火柴。

面試經理問他，為什麼你第一個就要選刀？

甲男說：「害人之心不可有，防人之心不可無。這帳篷只夠兩個人睡，水只有一瓶，萬一有人為了爭奪生存機會想害我呢？所以，我把刀拿到手，也就等於把所有主動權控制在手中。」

乙女和丙男選的四樣物品為：水、帳篷、火柴、繩子。

乙女解釋說：「水是必需品，雖然只夠兩個人喝，但可以省著點，相信也夠三個人一起堅持到最後；帳篷雖然只能容納兩個人睡，但是可以三個人輪換著來休息；火柴也是路上必不可少的；而繩子可以用來把三個人綁在一起，這樣在風沙很大、目不見物的時候，就不會失散了。」丙男給出的解釋與乙女相近。

最後，甲男被淘汰出局。

可以看出，甲被淘汰出局，是因為他沒有良好的合作意識。哈佛心理學家指出，當今社會單打獨鬥就能做好的工作大多已不復存在了；相反，想要有一番成就，就必須尋求同事間的互相配合。團隊的收益往往意味著個人事業的發展。只有尋求同事間的協作，發揮彼此的長處，才有利於工作的完成，更有利於個人在職場上的馳騁。

哈佛專家特別指出，聚集智慧相等的人，不一定能使工作順利進行，只有分工合作，才會有輝煌的成果。在人員調配中，必須考慮員工之間的相互配合，如此才能發揮個人的聰明才智，這也是人事管理上的金科玉律。一般所說的適才適用，就是把一個人安排在最合適的位置，使他能完全發揮自己的才能。每個人都有長處和短處，在分工合作時，若要取長補短，就必須全面考慮各方的優點及缺點，鼓勵他們同心協力把事情做好。

第六篇

知己知彼，打好博弈這場仗

第一章

博弈：一場心智的較量

零和遊戲定律：「大家好才是真的好」

零和遊戲定律（zero-sum game），指一項遊戲中，遊戲者有輸有贏，一方所贏的正是另一方所輸的，遊戲的總成績永遠為零。

過去，人類為了自身的發展，一味地按照自己的意願向大自然索取，而不考慮自然環境的承載能力、自然資源的儲量。表面上，大自然及其他物種在人類的智慧面前都俯首稱臣，但過不了多久，大自然的反撲會讓人類為自己的愚蠢後悔不已，為了改正自己的錯誤，人類不得不付出更大的代價。顯然，在人與自然的博弈中，一方所贏的正是另一方所輸的。那麼，我們為何不尊重、敬畏大自然，與大自然和諧相處呢？

在大多數情況下，博弈總會有一個贏，一個輸，如果我們把獲勝計算為得一分，而輸棋為負一分，那麼，這兩人得分之和就是：1+（-1）=0，即所謂的「零和遊戲定律」。

這個定律滲透了一個典型的現象——囚徒困境。講的是，A與B兩人共同作案被捕，面臨的判決選擇有：如果A當污點證人，把一切犯案過程都清楚交代，那麼他只會受到一年的監禁，他的同夥則被判五年徒刑。如果A和B都誠實交代犯案經過，則各自被判五年徒刑。如果A和B都抵死不承認犯罪也不交代案情，最後由於證據不足，兩人都被釋放。

可以看出，當兩個囚徒都出於自私動機而坦白從寬時，並不是最佳結果，只有當他們進行「合作」或利他主義行事時，結果才是有利的。哈佛專家指出，競爭過程中，我們要懂得化敵為友，爭取雙贏。

在當今這個戰略致勝的時代，雙贏的理念和意識，在競爭中發揮著積極的作用。

哈佛心理學家建議說，很多時候，若你能化敵為友，這樣的朋友更能幫助你。因為你先前的朋友所占有的資源、所掌握的技能，你可能已經掌握了，而化敵為友產生的新朋友，所占有的資源與技能，可能正是你一直想擁有而未能擁有的，對手從你那裡也有所需，這樣就促成了雙贏的結局。

一九九七年八月六日一個驚人的消息傳出：微軟總裁比爾・蓋茨宣布，他將向微軟的競爭對手——陷入困境的蘋果電腦公司注入一點五億美元的資金！

此語一出，輿論譁然。比爾・蓋茨大發善心了嗎？

作為世界首富，比爾・蓋茨在世界各地捐資。但這一回，他不是捐資，更不是行善，他向蘋果注入資金是出於商業目的。

蘋果電腦公司誕生於一個舊車庫，它的創始人之一是賈伯斯。蘋果的成功，在於賈伯斯是世界上第一個將電腦定位為個人可以擁有的工具，即「個人電腦」，它就像汽車一樣，普通人也可以操作。這是一個劃時代的產品定位概念，因為在那之前，電腦是普通人無緣擺弄的龐然大物，不僅需要艱深的專業知識，還得花大錢才能買到手。

蘋果公司靠著這些核心競爭力，推出不久之後就一鳴驚人了，市場占有率曾經一度超過IBM。然而，在進入二十世紀末，網路經濟突飛猛進之際，蘋果公司卻未能抓住網路化這一先機，市場占有率急劇萎縮，財務狀況日益惡化，一九九五年、九六年連續虧損，虧損額高達數億美元。蘋果公司使出渾身解數要翻身，但沒有太大的效果。

就在蘋果公司陷入愁雲慘霧之際，微軟突然伸出援手。難道天下真的有救世主嗎？當然不是。比爾・蓋茨自有他的如意算盤。他知道，蘋果公司作為一家輝煌一時的電腦霸主，儘管元氣大傷，但它潛在的實力仍非常雄厚。

在這時候，很多電腦公司包括微軟的一些競爭對手如IBM等，都利用蘋果欲振乏力的時機，提出與蘋果合作，來達到和微軟競爭的目的。顯然，如果微軟不與蘋果合作，對手的力量就會更強大。

更重要的是，美國《反壟斷法》規定，如果某個企業的市場占有率超過規定標準，市場又無對應的制衡商品，那麼這個企業就應當接受壟斷調查。如果蘋果公司垮了，微軟公司推出的作業系統軟體市場占有率就會達到百分之九十二，必然會面臨壟斷調查，那麼僅僅訴訟費就超過從蘋果公司讓出的市場中賺取的利潤。

和蘋果合作，可以把蘋果拉到自己這一邊，蘋果和微軟的操作軟體相加，基本上占領了整個電腦市場，微軟和蘋果的軟體標準就成了事實上的行業標準。誰都看得出來，拉蘋果公司一把，對微軟百利而無一害。可見，與其付出代價消滅對手，不如化敵為友。

在競爭中，無論是誰都期望獲得一種雙贏的結果。因為這是一個講求雙贏的時代，那種自私自利，想依靠占人便宜或欺詐手段來牟利的人，最後只能成為輸家。所以若用合作代替競爭，便能在有效的時間或較短的時間裡達成更多的目標，甚至有意想不到的收穫。

權變理論：讓計畫跟著變化走

權變理論指任何系統的內在要素和外部環境條件都各不相同，不存在適用於任何情景的原則和方法，關鍵是採取依勢而行的應變策略。

科學家曾做過一個有趣的試驗：他們在兩個玻璃瓶裡各放進五隻蒼蠅和五隻蜜蜂。然後將玻璃瓶的底部對著有亮光的一方，而將開口朝向暗的一方。幾小時後，那五隻蜜蜂全都撞死了，而五隻蒼蠅都在玻璃瓶後端找到了出路。原來，蜜蜂通過經驗認定有光源的地方才是出口，它們每次都竭盡全力朝光源飛去，被撞後還是如此，同伴的死也不能喚醒牠們。那些蒼蠅則對事物的邏輯毫不留意，全然不顧亮光的吸引，四下亂飛，結果誤打誤撞地碰上了好運氣，最終發現出口，獲得自由。

在競爭中，我們總喜歡說不要打無準備之仗，一定要做好計畫和安排。「一切盡在掌握之中」固然好，但我們也無法排除「計畫外」的可能，正所謂計畫沒有變化快。

哈佛專家告訴我們，組織是社會大系統中的一個開放型的子系統，是受環境影響的，我們必須根據組織的處境和作用，採取相應的措施，才能保持對環境的最佳適應。在激烈的競爭中，不要執著於某種外在的形式，不要完全拘泥於你事先的精心計畫，在事情發展過程中的計畫外因素往往更加具有影響力。對此，一定要樹立權變的思想，善變才能贏。

某品牌布鞋曾一度在祕魯打開銷售大門，當地一家公司每月可銷售布鞋六萬多雙。不料，祕魯當局頒布了一項法令：禁止紡織品和鞋子進口。這一突如其來的變化，使該公司在祕魯的銷售大門被關閉了。

陷入困境的商人並不坐以待斃，經過分析，發現祕魯並沒有禁止製作鞋子設備和布鞋面。於是，他們轉變策略，決定出口製鞋設備和布鞋面，在祕魯當地加工布鞋。布鞋面既不算成品布鞋，也不屬於紡織品，不受禁令制約。

後來，該品牌布鞋又重新在祕魯占了一定的市場量。

由此觀之，善變之道在於靈活作出應變決策，搶占先機。沒有這種能力，一個公司就會故步自封，一個人就會墨守成規。哈佛心理學家建議我們，既要緊跟時機，又要學會思考，以變應變，才能贏得精彩的人生。

第二章

如何在博弈中掌控主動權

恭維要說得不動聲色，將對方「捧」得服服貼貼

哈佛心理學家指出，虛榮是人的本性，每個人都希望別人能注意到自己的優點並且讚美。挑選別人愛聽、想聽的話說，迎合其虛榮心，自然能博得對方歡心。恭維便是其中關鍵所在，恭維是一種重要的交際手段，它能在瞬間交流人與人之間的感情。

人們喜歡被恭維，是因為每個人都渴望被讚美和肯定，而恭維正好迎合了人們的這種欲望。高帽戴得好，便能將別人掌握在自己的手中。

然而在現實生活中，戴高帽的做法常被人恥笑，主要是因為那些品味低俗、令人生厭的「拍馬屁行為」隨處可見，人們容易將恭維讚美與拍馬屁混為一談。其實高帽分有三六九等不同質地：上等品被稱為「讚美」、「讚揚」、「稱頌」等，下等品則被貶為「討好」、「阿諛奉承」、「獻媚邀寵」。

恭維是一種藝術，關鍵之處在於根據人的不同心理需求和具體情況來選擇和斟酌自己的話語，讓自己無論怎麼說，別人都愛聽。恰到好處的恭維，能使雙方的感情和友誼

在不知不覺中得到增進，還會調動其交往合作的積極性。那麼，如何才能將恭維話說到最好呢？

一、恭維話要坦誠得體，必須說中對方的長處

人總是喜歡奉承的。即使明知對方講的是奉承話，心中還是免不了會沾沾自喜，這是人性的弱點。換句話說，一個人受到別人的誇讚，絕不會覺得厭惡，除非對方說得太離譜了。奉承別人首要的條件，是要有一份誠摯的心意及認真的態度。

二、背後稱頌效果更好

背後頌揚別人的優點，比當面恭維更為有效。這是一種至高的技巧，在人背後稱讚人，在各種恭維的方法中，要算是最使人高興，最有效果了。

三、對於不了解的人，最好先不要深談

不要隨便恭維別人，有的人也許不吃這一套，亂套高帽可能弄巧成拙。

巧轉人際關係，藉由能人幫助自己

事情有難易之分，面對易如反掌的事情，我們總是能輕鬆解決，但當面前的問題很棘手時，就不妨將問題拋出去，讓能人去解決。

有位知名度頗高、要求極為嚴格的建築師，他規劃了許多的建築物，然後分別包給多位承包商。由於這位建築師對品質和進度要求甚高，所以在他的手下做事壓力很大。在他的建築師事務所裡，經常可以聽到會議室裡傳出來的陣陣怒吼聲，因此，他手下的助理更換非常頻繁。

這次，建築師請來的是一位剛畢業的年輕助理，負責監督和催促工程進度的工作。這個工作一向是最吃力不討好的，受到建築師的責難也最大。可奇怪的是這位年輕助理連續工作了半年，居然很少受到建築師的責罵，工程的進度在他的監督下也幾乎都能跟上，同事們對此都感到非常不解？

直到有一天，同事們在與這位年輕助理談論工作經驗時，才向其問道：「我們實在都很好奇，你工作時間不長，卻能把工程進度控制得如此之好，你到底是怎樣做到的呢？」

年輕助理聳了聳肩，無比輕鬆地說：「其實，這很簡單，當一位承包商把難題丟給我，企圖想要拖延工程進度時，我就很堅定地告訴他：『我的進度不能變更，你是要和我解決呢？還是讓我們的建築師和你解決？』這樣他們通常都沒什麼話說了。」

這位小夥子真的很聰明，他將自己的困境輕鬆地轉化為建築師和商人的矛盾，自己反而輕鬆。

有句諺語說「把熱馬鈴薯丟出去」，其中熱馬鈴薯指的就是忽然遇到的問題與困難。就如同前面故事的年輕助理一樣，他非常巧妙地將問題擋了出去，讓別人為自己的問題苦惱，使其處於兩難的境地，自己則享受沒有煩惱的樂趣。哈佛專家指出，有的問題在當時就應很快反應，否則稍有停頓便會燙到自己的手。所以，儘管燙手的馬鈴薯人人都不想接，但如果它不幸落到我們自己這裡的話，那最好的辦法就是將它丟出去，扔給那些更有能力的人去解決。高明的人不僅能使丟出去的熱馬鈴薯不會砸到別人，還能讓別人心甘情願地替自己解決問題。

哈佛專家特別強調，這些技巧是要經常練習的。常常操練，就能夠掌握這個火候。但是，有些時候也不應一味回絕，應該抓住時機，盡量做好工作。

第三章

狹路相逢，該退一步就退一步

如何看鬥雞博弈

某一天，在鬥雞場上有兩隻好戰的公雞發生遭遇戰。這時，每隻公雞都有兩個行動選擇：一是退下來，一是進攻。

如果一方退下來，而對方沒有退下來，對方獲得勝利，這隻公雞則很丟面子；如果對方也退下來，雙方則打個平手；如果自己沒退下來，而對方退下來，自己勝利，對方失敗；如果兩隻公雞都前進，則兩敗俱傷。因此，對每隻公雞來說，最好的結果是，對方退下來，而自己不退，但是此時由於每隻公雞都不退下來，則只能面臨兩敗俱傷的結果。

不妨假設兩隻公雞均選擇「前進」，結果是兩敗俱傷，兩者的收益是負二個單位，也就是損失為二個單位；如果一方「前進」，另外一方「後退」，前進的公雞獲得一個單位的收益，贏得了面子，而後退的公雞獲得負一的收益或損失一個單位，輸掉了面子，但沒有兩者均「前進」受到的損失大；兩者均「後退」，兩者均輸掉了面子，獲得負一的收益或一個單位的損失。

由此看來，鬥雞博弈描述的是兩個強者在對抗衝突的時候，如何能讓自己占據優勢，力爭得到最大收益，確保損失最小。

鬥雞博弈在日常生活中非常普遍。比如，員警與遊行者相遇，最好有一方退下來。收債人與債務人之間的博弈也類似於鬥雞博弈。

鬥雞博弈有個基本原則，就是讓對手錯誤估計雙方的力量對比，從而產生錯誤的期望，再以自己的實力戰勝對手。然而，在實際生活中，兩隻鬥雞在鬥雞場上要作出嚴格優勢策略的選擇，有時並不是一開始就做出這樣的選擇，而是要通過反覆試探，甚至是激烈的爭鬥後才會做出嚴格優勢策略的選擇，一方前進，一方後退，這也是符合鬥雞定律的。

因為哪一方前進，是由雙方的實力預測決定的，當兩方都無法完全預測雙方實力的強弱時，就只能通過試探才能知道，當然有時這種試探是要付出相當大的代價。

哈佛心理學家認為，在現實社會中，以這種形式運用鬥雞定律，比直接選用嚴格優勢策略的形式更常見。

明智者不做紅眼鬥雞

一般人面對敵人的時候，採取的態度是不屈不撓，迎面而上，決不退縮。這也是紅眼鬥雞們的共識。但是哈佛心理學家認為，真正明智的人會選擇另一種方式：劍走偏鋒，迂迴取勝。

一條街上有兩家電影院，分別為甲影院和乙影院，在顧客資源有限的情況下，兩家影院為了爭取更多的顧客都使出渾身解數。甲影院推出了門票八折優惠，乙影院接著就來了個五折大酬賓。對於顧客來說，同樣的情況下當然都願意去花錢少的影院，於是乙影院生意興隆，甲影院門可羅雀。

甲老闆不甘心認輸，於是將門票打兩折。按照當地消費水準和行業常規，影院門票五折以下已經毫無利潤可言了，甲影院打兩折的目的是為了把對手徹底擠掉，然後進行「價格壟斷」。誰知甲影院剛剛把顧客拉起來，乙影院接著就推出了門票一折優惠，每人另送一包薯片。

這回甲影院的老闆實在沒有勇氣繼續競爭了，因為一包薯片少說也要一元，這豈不是白看電影，何來利潤可言，於是關門認輸。這時乙影院恢復競爭之前的價格，但這個送薯片的「賠本生意」堅持下來。半年多的時間過去了，乙影院的老闆買了豪華轎車，房子也換成高檔別墅，一副發大財的樣子。

為何乙影院做免費送薯片的賠錢買賣卻賺了這麼多錢呢？原來影院送薯片雖然賠錢，但送的薯片是老闆從廠家定做的薯片。看電影的人吃了薯片之後，必然會口渴，於是老闆便派人大賣飲料，飲料和礦泉水的銷售量大增——放電影賠錢，送薯片賠錢，但飲料給老闆帶來了豐富的利潤。

當乙影院和甲影院這兩隻「鬥雞」在同一條街上狹路相逢時，乙影院的老闆既沒有撤退，也沒有發動正面進攻，而是採用了示假隱真術，在與甲影院博弈的過程中，隱藏其利潤點，迂迴取勝。

生活中遭遇鬥雞博弈時，有人贏在明處，有的人則像乙影院老闆一樣，採用了示假隱真的博弈策略，讓對手認為你是鑽進了死胡同，從而放鬆警惕。示假隱真實際上蘊涵著鬥雞博弈的大智慧，即用公開的事情來掩蓋自己真正的目的，先讓「偏點」鋪就道路，然後讓「熱點」隆重登場。運用此種博弈策略，其宗旨在於：避實就虛，爭奪博弈的優勢和主動權；造成對方的失誤，出其不意，獲取勝利。

哈佛心理學家告誡我們，生活在紛繁複雜的社會中，難免會與人發生對立和衝突，與各種各樣的對手「狹路相逢」。遭遇這些對手時，我們應該調整自己的策略，找到另一條前進的道路，避免針鋒相對造成兩敗俱傷。

以退為進的策略

有進有退的鬥雞博弈中，前進的一方可以獲得正的收益值，而後退的一方也不會損失太大，況且有時候暫時的退是出於一種策略的考量，退是為了進。

哈佛心理學家認為，從處理事務的步驟來看，退卻是進攻的第一步。現實中我們常會見到這樣的事，雙方爭鬥，各不相讓，最後小事變為大事，大事轉為禍事，往往導致問題不能解決，落得個兩敗俱傷的結局。其實，如果採取較溫和的處理方法，先退一步，使自己在博弈中處於比較有利的地位，待時機成熟，便以退為進，成功達到自己的目的。

可見，以退為進，由低到高，是一種穩妥的博弈之術。

第四章

靈活博弈，處處皆贏

生存就是要比對手跑得更快——囚徒困境

提到「囚徒困境」（Prisoner's Dilemma）大家應該不陌生。博弈論中最經典的入門理論，告訴我們做任何一個關於博弈的分析時，都應該考慮到雙方的情況，正確面對衝突與利益同時存在的情形，否則就會陷入「囚徒困境」。同時，它更深刻傳達給我們，當面臨別無選擇的時候，我們只有力爭比對手跑得更快，才能讓自己獲得「囚徒困境」下可能最好的處境。

曾有兩個人，一起去山裡面遊玩，結果遇到了一隻熊，他們都十分害怕。其中的一個人彎腰下去把鞋帶繫好，做好逃跑的準備，另一個人對他說：「你這樣是沒有用的，你不可能跑得比熊快。」那個準備跑的人回答：「我不需要跑得比熊快，我只要跑得比你快就行了。」

在這個故事裡，那個準備逃跑的人面臨多種選擇：一是不逃跑，被熊吃掉；二是逃跑，但跑得慢被熊吃掉；三是逃跑得快，順利逃生。其實，他的朋友也有同樣的選擇。

對於選擇逃跑的人來說，只要他選擇了逃跑，就有生還的機會，而朋友也選擇逃跑，就需要跑得比自己的朋友快，這樣才得以生還。所以，在這一博弈過程，只有用「相對速度」才能夠求得生存。

這裡，我們姑且不談論道義的問題。在殘酷的生存競爭中，知道誰是你真正的競爭對手非常關鍵。哈佛心理學家指出，有時候你做得不一定比「敵人」好，但至少要比「同等級的人」強。因為在淘汰機制的社會上，與你同樣有競爭力的人，往往是和你處於同一等級的。

實際生活中，我們常會用這樣的想法來「獎勵」自己，甚至「安慰」自己：我已經努力改進，也取得不小的進步了。可是你要知道，雖然你與自己的過去比，可以看到自己的進步，但是請別忘了，還要抬頭看看其他人，別人努力與進步的速度是不是比自己更快更猛。

找出隱匿資訊，擺脫逆向選擇漩渦——資訊博弈

哈佛認為，在這個飛速發展的資訊時代，無論怎樣強調資訊對於博弈的重要性都不為過。現實的博弈中，除去資訊因素，大家贏的機會均等，而此時，誰能提前抓住有利的資訊，誰就能穩操勝券。這就是經典的資訊博弈理論。

事實上，我們很多時候都會遭遇某一方所知道的資訊並不為對方所知曉的情況，於是就產生了資訊不對稱。而資訊不對稱所造成的逆向選擇，又使我們失去了很多本來屬於我們的東西。哈佛專家指出，要想擺脫逆向選擇的困境，我們必須挖掘隱匿的資訊，做到知己知彼。

A集團公司的業務蒸蒸日上，但是最近總裁卻陷入煩惱中。公司準備投資一項新的業務，已經通過論證準備上馬了，但是幾位高層在事業部總經理的人選上產生了很大的分歧。一派認為應該選擇公司內部的得力幹將馬修斯，而另一派主張選用從外部招聘的熟悉該業務的默頓，大家各執己見，誰也不能說服對方，最後還是需要總裁來拍板。那麼，究竟哪一種選擇更好呢？

就經驗而言，馬修斯顯然經驗要豐富得多，默頓到此工作屬於空降，而馬修斯更具有本土優勢，對業務也十分熟悉，但人事這一塊，應該外聘較好吧，因為總裁覺得自己公司活力不足，應該補充一些新人來刺激工作效率。最終總裁拍板，決定選用外聘的默頓。默頓正式走馬上任。默頓的優勢很明顯，美國著名高校的MBA，完全的新式經營理念。而馬修斯不過專科畢業，從底層一步步熬上來的。總裁對默頓寄予厚望，默頓也很努力，開始認真對公司的人力資源進行診斷，並煞有介事地挑出一堆缺點。總裁一看，心裡開始擔憂，因為這些缺點一旦要整頓完成，自己的公司大概會垮掉！時間一久，發現默頓只知道挑毛病，卻沒有對公司進行任何實際操作，弄得公司人人自危，怨聲載道。總裁迫不得已又把默頓辭退，而此時的馬修斯卻因為沒有得到老闆的重視，早已跳槽去別的公司了。A集團花費了大量的時間、精力和金錢，最終不但沒給公司帶來效益，反而使公司發生危機。

A集團所碰到的就是典型的逆向選擇。正是因為彼此的資訊是不對稱的，老闆不知道默頓的實際操作能力，只看到默頓的名校背景，結果弄得自己很狼狽。要解決這種逆向選擇問題，其實老闆應該給馬修斯和默頓兩個人都各有一段試用期，在試用期內了解他們的工作能力，從而判斷誰更適合總經理的職位。

當今社會，誰掌握了隱匿資訊，誰就掌握了整個世界，如果資訊閉塞，你就會陷入逆向選擇的困境。

哈佛專家普遍認為，隱匿資訊在逆向選擇中起了關鍵作用，如果你能及時掌握全面的資訊，就能防止逆向選擇的發生。而找出這些隱匿資訊的途徑只有一個，就是實際調查。

第七篇

善施心計，讓自己四通八達

第一章

提升自己的個人魅力

良好的儀表，可以增加人際吸引力

與人交往，尤其是第一次見面時，給人留下良好的第一印象十分重要。哈佛心理學家指出，在初次見面時，人們首先注意的是對方的外貌。

儘管人們常說「人不可貌相，海水不可斗量，以貌取人，貽誤大事」，但是愛美之心，人皆有之，無論在哪種文化背景，漂亮的人總是容易被人喜歡，更容易促進人際關係的發展。

也許你會說，相貌是父母給的，自己豈能改變。的確，我們不能改變自己的容貌，但我們可以改變自己的形象，通過良好的儀表來展現自己。也許你長得不美，但你注重言談舉止，懂得如何穿搭，那麼你也會很容易被人接受、得到別人的喜愛。

美國行為學家邁克爾・阿蓋爾也做過一個實驗：當他以不同的裝扮出現在同一個地點，得到的回饋相當不同。當他身著西裝以紳士的面孔出現時，無論是向他問路還是打聽事情的陌生人都彬彬有禮，顯得頗有素養；而當他裝扮成流浪者模樣時，接近他的人以無業的遊民居多。

以上例子都說明，外表形象對於一個人在人際交往中能否給別人好感，能否吸引別人，起了舉足輕重的作用。因此，在人際交往中，我們要保持良好的儀表，以增加人際吸引力。

幽默是最具親和力的語言

一個禿頭者，當別人稱他「理髮不花錢，洗頭不費水」時，他當場變了臉，使原本輕鬆的環境變得緊張。一位演講的教授，也是禿頭，他在自我介紹時說：「朋友稱我聰明透頂，我含笑回答：『你小看我了，我早就聰明絕頂了。』」然後他指了指自己的頭說，「我今天演講的題目是外表美是心靈美的反映。」教授開始了自己的演講，整個會場充滿歡笑的氣氛。同樣是禿頭，同樣容易受到別人的揶揄和嘲謔，卻得到認可，這就是幽默的魅力。

哈佛心理學家一致認為，在人生的各種際遇中，幽默是人際關係的潤滑劑。它以善意的微笑代替抱怨，避免爭吵，使你與他人的關係變得更有意義；它能幫助你把許多不可能變為可能；它比笑更有深度，它產生的效果遠勝於咧嘴一笑。

怎樣培養幽默感呢？

一、擴大知識面

幽默是一種智慧的表現，它必須建立在豐富的知識基礎上。一個人只有具有審時度勢的能力、廣博的知識，才能做到談吐豐富，妙言成趣。因此，要培養幽默感，必須廣泛涉獵，充實自我，不斷從浩瀚的書海中收集幽默的浪花，從名人趣事的精華中擷取幽默的寶石。

二、陶冶情操

幽默是一種寬容精神的體現，要使自己學會幽默，就要學會寬容大度，克服斤斤計較，同時還要樂觀。生活中如果多一點趣味和輕鬆，多一點笑容和遊戲，多一份樂觀與幽默，那麼就沒有克服不了的困難。

三、培養敏銳的洞察力

提高觀察事物的能力，培養機智、敏捷的能力，是提高幽默的一個重要方面。只有迅速地捕捉事物的本質，以詼諧的語言作出恰當的比喻，才能使人們產生輕鬆的感覺。

當然，在幽默的同時還應注意重大的原則是不能馬虎，不同的問題要不同方式對待，在處理問題要具靈活性，做到幽默而不俗套，使幽默為人們的精神生活提供真正的養分。

想讓對方喜歡你，先要喜歡上對方

看看身邊的人，你想過你喜歡的人通常具有哪些特徵嗎？你喜歡他們，是因為他們漂亮，還是聰明，或者因為他們有社會地位？哈佛心理學家認為，我們通常喜歡的人，是那些也喜歡我們的人。他們不一定漂亮或聰明，或者有社會地位，僅僅是因為他們也很喜歡我們。

那麼，我們為什麼會喜歡那些喜歡我們的人呢？哈佛專家解釋說，這是因為喜歡我們的人使我們體驗了愉快的情緒，一想起他們，就會想起和他們交往時的快樂，我們看到他們自然就有好心情。因為他人對自己的喜歡，是對自己的肯定、賞識，表明自己對他人或對社會是有價值的。

對於喜歡的互逆現象，戴爾・卡耐基在著作《如何贏得朋友和影響他人》中提到，人們獲得友誼的最好方式是「熱情友善地稱讚他人」。但是，在我們為贏得他人友誼而不遺餘力讚美他人之前，我們也要考慮一下情境，有時讚美不一定能百分之百帶來喜歡。喜歡的互逆性規律也會有例外發生，其中之一就是當我們懷疑他人說好話是為了他們自己，這樣的讚美並不會使我們喜歡他。

此外，對那些自我評價很低的人來說，喜歡的互逆性也不會發生。因為他們可能認為喜歡他的人沒有眼光。

在生活中，有很多這樣的情況，就是兩個人的相互喜歡是由一個人對另一個人單方面喜歡開始的。比如一個女孩開始時對一個追求她的男孩並沒有多少好感，但是這個男孩表現出對她特別喜歡的態度，久而久之，這個女孩也對這個男孩動心了，最後接受他的追求。

當然，這個規律也不是絕對的。有時我們喜歡某個並不喜歡我們的人，相反地，也有我們不喜歡的人卻很喜歡我們。我們只能說在相同的情況下，人有一種很強的傾向，會喜歡那些喜歡我們的人，即使他們的價值觀、人生觀都與我們不同。

第二章

改變他人於無形之中

利用興趣牽著對方走

人際交往的過程中，如果想尋求別人幫助，對方會不會答應你的請求，能不能全力幫助你，關鍵在於他心裡是怎麼想的。他的心裡怎麼想，就決定了他對你提出的事是辦還是不辦。

討論類似問題時，哈佛心理學家往往會提到一個實驗：

在實驗中，有一些女助手扮演乞丐的角色到大街上乞討，在不打算引起路人注意的情況下，女助手提出的請求是：「能給我一些零錢嗎？」或是：「您能給我一個十塊錢硬幣嗎？」為了引起路人的注意，並且不讓路人一下子就拒絕，另一組人提出了不同尋常的請求：「您能給我十五塊錢嗎？」或者「您能給我二十元嗎？」

結果表明，第二組助手的請求引起了許多路人的興趣，大約有百分之七十五的路人將助手所需要數目的錢給了他們；而在第一種情況下，只有很少的路人給他們錢。

很顯然，人們對什麼事有興趣或認為什麼事有滿意的回報，就會樂於對什麼事投入感情，投入精力，甚至投入資金。哈佛心理學家也告訴我們，人們怎樣想一件事情完全是外在情趣和利益誘惑的結果。

所以，我們在社交中要想改變他人，在辦事時要想爭取對方應允或幫忙，就應該設法使對方對這件事產生積極的興趣，或者設法讓對方感覺辦完這件事會得到自己感興趣的利益。

利用興趣求人辦事必須讓對方感到自然愉悅，深信不疑，對方才肯為你的事付出代價。下面介紹此法在具體運用時需要掌握的竅門：

一、可以利用那些新穎的事物，引起他人的好奇心，使他人常常情不自禁、窮追不捨地要弄個明白，這時人們就會對你產生強烈的興趣，不由自主地跟你「黏」在一起，再進一步，可能被你「牽著鼻子走」。

二、當我們謹慎根據他人的經驗，而設法接近他人時，除了拿出「新穎」的事物之外，還得摻和一些別人「熟悉」的成分，因為我們的目的是要吸引他的注意。

馬斯洛給我們的啟示：迎合他人自尊心

哈佛心理學家認為，尊重是每一個人的心理需要。任何人都需要得到別人的尊重。因而，要想使他人樂於改變，很重要的一點就是要迎合他人的自尊心。

為了調查研究各種工作條件對生產效率的影響，美國西方電器公司霍桑工廠一個大車間的六名女工被選為實驗的對象。實驗持續一年多，這些女工的工作是裝配電話機裡面的繼電器。

第一個時期，讓她們在一個一般的車間裡工作兩個星期，測出她們的正常生產效率。

第二個時期，安排她們到一個特殊的測量室工作五個星期，這裡除了可以測量每個女工的生產情況外，其他條件都與一般車間相同，也就是工作條件沒有變化。

第三個時期，改變了女工們工資的計算方法。以前女工的薪水依賴整個車間工人的生產量，現在只依賴她們六個人的生產量。

第四個時期，在工作中安排女工上午、下午各一次五分鐘的休息。

第五個時期，把工間休息延長為十分鐘。

第六個時期，建立了六個五分鐘休息時間的制度。

第七個時期，公司為女工提供一頓簡單的午餐。隨後的三個時期，每天讓女工提前半小時下班。

第十一個時期，建立每週工作五天的制度。

最後一個時期，所有的工作條件又恢復到第一個時期。

老闆想透過這個實驗來尋找一種提高工人生產效率的方式，的確，工作效率會受到工作條件的影響。然而，出乎意料的是，不管條件怎麼改變，如增加或減少工間休息，延長或縮短工作日，每一個實驗時期的生產效率都比前一個時期要高，女工們越來越賣力工作，效率也越來越高，根本沒注意到生產條件的變化。

這是為什麼呢？

哈佛心理學家解釋說，一個重要的原因就是女工們感到自己是特殊人物，受到了尊重，因而感到愉快，便遵照老闆想要她們做的那樣去做。正因為受到重視和尊重，所以她們工作越來越努力，每一次的改變都刺激她們提高生產效率。

尊重的需要是人的一種高級需要。人與人之間存在差異，人與人在財富、地位、學識、能力、膚色、性別等許多方面各有不同，但在人格上是平等的。維護自己的自尊是人們心中最強烈的願望，因此，滿足尊重的需要對人來說十分重要。很多時候，人們為了獲得尊重，會通過追求流行、講究時髦、用高級商品、買名牌服裝等手段來體現自己的價值。

拿破崙當年創建了法國榮譽軍團勳章，為士兵發放了一萬五千枚十字勳章，給十八位將軍授予了「法國元帥」的稱號，並將自己的軍隊稱為「宏偉之師」。人們批評他在給身經百戰的軍人頒發「玩具」，而拿破崙答道：「人類就是被這種玩具統治著的。」

拿破崙運用了授予他人頭銜和權威的技巧，即尊重他人，迎合他人的自尊心，這種方法對任何人都能產生一定的作用。

互惠：使他人樂於改變的策略

在第一次世界大戰中，有一類德國特種兵的任務是，深入敵後去抓俘虜回來審訊。當時打的是塹壕戰，大隊人馬要想穿過兩軍對壘前沿的無人區是十分困難的。但是一個士兵悄悄爬過去，溜進敵人的戰壕，相對來說比較容易。參戰雙方都有這方面的特種兵，經常派去抓一個敵軍的士兵，帶回來審訊。

有一個德軍特種兵曾多次成功完成這樣的任務，這次他又出發了。他很熟練地穿過兩軍之間的地域，出乎意料出現在敵軍戰壕中。

一個落單的士兵正在吃東西，毫無戒備，一下子就繳了械。他手中還舉著剛才正在吃的麵包，這時，他本能地把一些麵包遞給對面突然降臨的敵人。這也許是他一生中做得最正確的事情。

面前的德國兵忽然被這個舉動打動了，導致他做了反常的行為——他沒有俘虜這個敵軍士兵，而是獨自回去，雖然他知道回去之後上司會大發雷霆。

這個德國兵為什麼這麼輕易就被一塊麵包打動呢？哈佛心理學家解釋，人的心理其實是很微妙的，人一般有一種心理，就是得到別人的好處或好意之後，就想要回報對方。雖然德國兵從對手那裡得到的只是一塊麵包，或者他根本沒有要那塊麵包，但是他感受到了對方對他的一種善意，即使這善意中包含著一種懇求。但這畢竟是一種善意，是很自然地表達出來的，在一瞬間打動了他。他心裡覺得，無論如何也不能把一個對自己好的人當俘虜抓回去，甚至要了對方的命。

這種得到對方的恩惠就一定要報答的心理，就是互惠原理，這是人類社會中根深蒂固的行為準則之一。由於互惠原理的影響力，我們感到自己有義務在將來回報我們收到的恩惠、禮物、邀請等。人與人之間的互動，就如坐蹺蹺板一樣，不能永遠固定某一端高、另一端低，而是要高低交替。因此我們在人際交往的過程，別忘互惠這個人際交往的藝術喔！

第三章

身體語言，窺探心理的絕招

抖動雙腳與舒緩情緒

哈佛心理學家指出，透過從身體和心理關係的分析研究，人們可以得知身體某一部分的動作可以透過中樞神經傳達到腦部，而解除精神上的緊張或壓力。所以，當一個人抖動腳的時候，也許正在舒緩某些情緒。

一、消除緊張和不滿

根據哈佛心理學家的研究發現，在一個特定的環境下，經常抖動雙腳的男人精神緊張的程度都很高。他們傾向於藉由抖動雙腳來紓解壓力。所以，在面試等情況下，有的男性就會上身坐直，雙手交叉放在腿上，但下半身卻悄悄抖動腳部或腿部。另外，現實中，對任何事情都追求「完美」的人，也會頻頻抖動腳來發洩內心的不甘。

二、表現放鬆和舒適

通常，女性與男性交談時，若興致勃勃地面向對方，身體放鬆，輕輕抖動腳部，則表明她的心情很放鬆，也表現出對於對方的話語很感興趣。假如對方突然轉換話題或說了不合時宜的話，則抖動腳部的姿勢將立即停止。

三、表示不耐煩、煩躁

如果某個人在與他人談話的時候，會不停抖動一隻腳或者整個身體都縮坐在椅子上，晃動雙腳或者用腳輕輕敲打地面，幅度較大，而眼神也看著地面，或者四處張望。這都說明，這個人感到煩躁，厭煩，甚至厭倦。因為，腳是人們逃跑時最先運動的部位，當它不斷地進行晃動時，如果不是閒暇無聊，那就是想要離開這個地方。

四、表示心情混亂

人們在心緒不寧的時候，身體容易抖動。所以，當內心情緒混亂或者有棘手的問題無法解決時，就會眉頭緊皺，不由自主地抖腳。因為他們希望快點思考出問題的解決方案。

目光的焦點與心理反應

社交場合中，雙方目光的相遇，必然會引起彼此的注意，哈佛心理學家認為，在不同的地點，針對不同的對象，眼睛會落在對方身體的不同部位。

一、額頭

將目光投向對方這個區域的人，帶給人一種「高人一等」的感覺，是自信且自視甚高的人。因為這種目光凌駕於對方視線之上，會讓對方感覺很有威嚴感，是性格嚴肅的象徵。

二、眼睛和嘴巴組成的三角區域

普通社交活動中的絕大多數人都會將目光投向這個區域。根據專家測算，大約有百分之九十的時間，人們的目光都投向由眼睛和嘴巴組成的三角區域，這是社交交談中基本的注視區域。在這個角度的視覺交流是最普遍的，也讓雙方都感到安心。

三、下巴以下甚至更低的區域

將目光投向這個區域的人，通常是具有曖昧關係的男女。因為這個區域中集中著能夠突出性別區別的部位。當在一些特殊場合，例如，宴會、酒吧裡，單身男女若遇到自己感興趣的對象，就會透過迅速的視線掃描，再將視線轉移到對方的臉上。當然，這樣的目光並不會引起對方的反感；相反，如果對方對你有意，也會把視線投到你身上相同的區域。

唇之祕語

哈佛心理學家認為，嘴不僅能幫人類傳遞有聲語言，同時它也能表達豐富的無聲資訊。嘴也能反映一個人的性格特徵。

一、撇嘴

撇嘴是指收縮唇部肌肉，使得唇形更小。在這個過程中，嘴角也會輕微下垂，顯出輕蔑的神情。人們通常在心情不好的情況下，臉上浮現這樣的表情。

二、嘴巴抿成「一」字形的人

一般習慣於做重大決定和緊急情況中主持大局的人常使用這種動作。這類人經常是堅強，富有毅力，面對困難絕不逃避，採取任何行動都會深思熟慮，心思縝密。所以，他們容易獲得成功，但通常也容易鑽牛角尖，一旦認定的事情，絕不輕易改變。

三、咬嘴唇

咬住嘴唇的動作有上牙齒咬下嘴，下牙齒咬上嘴唇，這常常是一種壓抑內心感受的表情。在交談時，如果有這個動作，傳達出的是種充滿敵意之感，尤其是邊搖頭邊咬住嘴唇。另外，一些人仔細聆聽對方說話，揣摩其中含義的時候，也會做出同樣的動作。若頻繁在這些時候做出動作，說明此人具有較強分析能力，遇事謹言慎行，周全嚴謹。

四、舔嘴唇

舔嘴唇的動作，有很多解釋，例如感到緊張的時候，嘴唇會變乾，就會不由自主地舔嘴唇；人們在激動的時候，為了緩解激動的情緒，會舔嘴唇以讓其濕潤。另外，舔嘴唇也是異性之間調情的手段，因為舔嘴唇能讓自己的嘴唇更豐滿靚麗，具有性感的誘惑。

五、時常嘴角上揚

時常嘴角上揚的人性格開朗親切，外向且能言善道，善於與人打交道。通常他們具有包容心，對朋友慷慨熱情，有非常良好的人際關係，所以遇到困難時，他們能得到很多人的幫助。

第四章

廣結人緣的祕訣

刺蝟法則：「距離產生美」

刺蝟法則（Hedgehog Effect），指人與人之間，需要保持適當的距離，只有這樣才能最大限度地感受彼此的美好。冬季的一天，把十幾隻刺蝟放到戶外空地。這些刺蝟被凍得渾身發抖，為了取暖緊緊地靠在一起，而相互靠近後，牠們身上的長刺又把同伴刺疼，於是牠們很快分開。接著，寒冷又迫使大家再次圍攏，疼痛又迫使大家再次分離。如此反覆多次，牠們終於找到了一個較佳的位置——保持一個忍受最輕微疼痛又能最大限度取暖禦寒的距離。其實，人與人之間亦如此，良好交際需要保持適當的距離。

我們在人際交往中要把握適當的交往距離，就像前面互相取暖的刺蝟那樣，既互相關心，又有各自獨立的空間。一般而言，交往雙方的人際關係以及所處情境決定相互間自我空間的範圍。

美國人類學家愛德華・霍爾博士劃分了四種距離，各種距離都與雙方的關係相稱。

一、親密距離

是人際交往中的最小間隔，其近範圍在十五公分之內，彼此間可能肌膚觸、耳鬢廝磨，以致相互間能感受到對方的體溫、氣味和氣息；十五至四十公分之間，身體上的接觸可能表現為挽臂執手，或促膝談心，仍體現出親密友好的人際關係。這種親密距離屬於私下情境，只限於在情感聯繫上高度密切的人之間使用。

二、個人距離

這是人際間隔上稍有分寸感的距離，較少有直接的身體接觸。個人距離的近範圍為四十五至七十五公分之間，正好能相互親切握手，友好交談。這是與熟人交往的空間。陌生人進入這個距離會構成對別人的侵犯。個人距離的遠範圍是七十五至一百二十公分，任何朋友和熟人都可以自由進入這個空間。不過，在通常情況下，較為融洽的熟人之間交往時保持的距離更靠近遠範圍的近距離端，而陌生人之間談話則更靠近遠範圍的遠距離端。

三、社交距離

這個距離已超出親密或熟人的人際關係，而是體現出一種社交性或禮節上的較正式關係。其近範圍為一百二十公分至兩百公分，一般在工作環境和社交聚會上，人們都保持這種程度的距離。社交距離的遠範圍為兩公尺至三・五公尺左右，表現為一種更正式的交往關係。例如，公司的經理們常用一個大而寬闊的辦公桌，並將來訪者的座位放在離桌子一段距離的地方，這是為了與來訪者談話時保持一定距離，也增加了莊重的氣氛。

四、公眾距離

通常，這個距離指公開演說時演說者與聽眾所保持的距離，其近範圍為三・五公尺至七・五公尺，遠範圍在七・五公尺之外。這是一個幾乎能容納一切人的「門戶開放」的空間，人們完全可以對處於空間的其他人「視而不見」、不予交往，相互之間未必發生一定聯繫。因此，這個空間的交往大多是當眾演講之類，當演講者試圖與一個特定的聽眾談話時，他必須走下講臺，使兩個人的距離縮短為個人距離或社交距離，才能夠實現有效溝通。

當然了，人際交往的空間距離不是固定不變的，它具有一定的伸縮性，這依賴於具體情境、交談雙方的關係、社會地位、文化背景、性格特徵、心境等。

推己及人，但也別一廂情願——投射效應（Projection effect）

投射效應，指當人們不知道別人的情況（如個性、好惡、欲望、觀念、情緒等）時，往往主觀地認為別人有同自己相同的特性。也就是說，人們總是喜歡假設別人與自己有某些相同的傾向，喜歡認為自己具有的某些特點別人也具有。

哈佛心理學家講解說，在人際交往中認識和評價別人的時候，我們常常免不了要受自身特點的影響，我們總會不由自主地以自己的想法去推測別人的想法，覺得既然我們這麼想，別人肯定也這麼想。例如，貪婪的人總是認為別人也都嗜錢如命；自己經常說謊，就認為別人也總是在騙自己；自我感覺良好，就認為別人也認為自己很出色……

其實，投射效應的表現形式除了將自己的情況投射到別人身上外，還有另一種表現——感情投射，即對自己喜歡的人或事物越看越喜歡，越看優點越多；對自己不喜歡的人或事物越看越討厭，越看缺點越多。這種情況多發生在戀愛期間，如在熱戀時人們喜歡在周圍人面前吹噓自己的另一半如何完美無缺；一旦失戀，又把對對方的憎恨之情溢於言表，並言過其實。

哈佛專家勸告人們，知道了投射效應會使我們對其他人的知覺失真，就要在與人交往的過程中保持理性，避免受這種效應的不良影響。

對方再謙虛，也不要過分表現自我

在與人交往的過程中，我們總能遇到一些謙虛有禮的人。他們總是客套地說「如有不周之處，還請多多指教」、「請多提寶貴意見」、「很多方面還需要向您多多學習」……

哈佛心理學家提醒人們，雖然說人要想得到別人的認可，就得善於表現自我，但是表現過分反而會遭到別人的反感，以至於讓你寸步難行。因此，適當地低調一些，適度隱藏自己的實力才是明智之舉。

無論是剛從校門走進社會的畢業生，還是在跨國公司間跳槽的資深職業經理人，到了一個全新的工作環境，總希望趕快展現自己的才華，以求得到別人的了解與認同。急於顯露自己的能力，是很多新人的通病，也是人之常情。

當然，對於剛來的新人，上司對他的工作表現一般都會比較寬容。雖然他們與新人見面時，都會談及公司的不足，並說些鼓勵的話，比如「希望你的到來能為公司注入新的活力」之類。但實際上，他們不會指望新人一進公司就能馬上出成績，反而會通過一些小事來觀察新人的為人、品性、工作態度等，據此形成一個基本判斷。這個判斷會影響上司將來對這位新人的使用。此外，作為上司，他們不希望新人的到來一下子打破原有的平衡，就算他們有計劃用新人來替代原來的員工，也希望能平穩過渡。

很多剛走出校門的畢業生，都有大幹一番事業的豪情壯志，所以到了新公司，幹什麼事都想一馬當先，希望給別人留一個好印象，尤其是遇到謙虛的上司。實際上，這樣高調張揚的表現反而容易弄巧成拙。

不僅是在職場，商場、情場等亦是同理。哈佛專家指出，與他人打交道，就要做一個有心計的人，在剛開始相互接觸或接手某些事情的時候，學會低調，適當地隱藏自己的實力，對方再怎麼謙虛，也不應該過分表現自己。只有這樣，才能登上成功的寶座，而且坐得穩。

第八篇

拉近火星與金星的「心」距離

第一章

用點小心機，讓愛情更甜蜜

甜言蜜語不妨多說一點，愛情才不會枯萎

有這樣一些夫妻：婚後很少甜言蜜語；從不向對方認錯；兩人從不討論夫妻生活問題；喜歡一個人做事，不願與伴侶商量；認為取悅對方是庸俗的；遇到矛盾或問題，夫妻倆經常生悶氣；伴侶生氣時，常常置之不理；一方談論想法時，另一方往往心不在焉；兩人在一起時，常常覺得無聊；很少去探究對方為什麼總是情緒不好。如果婚姻生活中有上述表現，就會在「沉默」中埋下隱患，必須予以高度重視。要知道，愛不僅應該在心裡，更應該說出來。

據哈佛心理學家所言，世界上最孤獨的人，是那些僅有肉體接觸而沒有感情交流的夫婦。細心的丈夫們稍稍留心一下便會發現，恩愛夫妻無不善於運用各自不同的方式來向對方表達愛意，這種感情的溝通便是婚後夫妻感情不斷深化的根本保證。

此外，對言語溝通如果過分壓抑，可能會導致情感交流的徹底阻隔。當雙方只習慣於程式化的日常生活時，便會覺得對方沒有感情需要了，於是便更加壓抑自己的情感，

如此惡性循環，最終便真的冷漠了。

哈佛專家指出，與妻子保持情感交流管道的暢通，是聰明丈夫「對付」妻子很關鍵的一招。在妻子生日或其他有紀念意義的日子向妻子獻一束鮮花或其他小禮物，在與妻子單獨相處時向妻子說一聲「我愛你」，對於夫妻之間，永遠不嫌多。

善意的小謊言，會讓你們的愛情更甜蜜

我們常常對陌生人說謊。比如，在剛開始投入一份新的工作時，老闆問起感覺如何，我們多半會笑笑說：「還不錯。」當時說什麼也不會告訴他壓力很大，或是「真擔心永遠學不來」之類的實在話。我們把實話全部帶回家，再一股腦兒地倒給我們所愛的人。

我們對那些陌生人說的言不由衷的「謊話」，為什麼不肯送給自己所愛的人呢？哈佛心理學家提醒男性們：女人有時是需要一點善意的「謊言」。比如，你可以誇讚她做的事：如果她換了一件剛買的衣服——告訴她，她穿這件衣服真是漂亮極了。哈佛心理學家認為，在處理夫妻關係時，如果你真正愛對方的話，有時對一些特定的想法和感受反倒要祕而不宣甚至撒謊，這句話尤其要說給男人聽，因為女人大多很感性，她們很容易被自己愛人的話所左右。

有一對老夫婦，結婚五十多年了，感情一直很好。丈夫老向外人誇獎妻子的蛋糕烤得好。有一天鄰居主婦過來向老太太請教烤蛋糕的祕訣。老太太告訴了她一家蛋糕店的名字，說：「其實我的蛋糕都是從這家店裡買的，只是我的先生不知道。記住，夫妻之間有時也需保留一些小祕密。」從此，這位主婦的丈夫也逢人就誇妻子烤蛋糕的手藝，兩人的感情自然也比以前更融洽了，而對於前面那對夫妻，丈夫是知道妻子的小動作，但是他懂得，比起實話實說，妻子更愛聽的是美麗的「謊言」。

由此可知，夫妻之間有點祕密並不一定會影響兩人的恩愛。相反，如果說了不該說的真話，可能還會導致感情破裂。女人就是這樣的，有時真話會讓她難以接受，甚至心存不快，但如果你在這些無關緊要的小事上說一些善意的「謊言」，往往會收到較好的效果。

愛到深處要鬆手，愛情才會更和諧幸福

哈佛告誡學子，愛得真諦，是讓你愛的人完全做自己，而不是讓他成為你理想的人，否則，你愛的只是你在他身上找到的你的影子。給愛情留一片祕密花園，最終能夠欣賞美景的人也只有你。

國王亞瑟被俘，本應被處死，但對方國王見他年輕樂觀，十分欣賞，就要求亞瑟回

答一個十分難的問題，答出來就可以得到自由。這個問題就是：女人真正想要的是什麼？亞瑟開始向身邊的每個人徵求答案：公主、侍女、牧師、智者……結果沒有一個人能給他滿意的回答。

有人告訴亞瑟，郊外的城堡裡住著一個老女巫，據說她無所不知，但經常提出無理的要求。期限馬上就到了，亞瑟別無選擇，只好去找女巫，女巫答應回答他的問題，但要求和亞瑟最高貴的圓桌武士之一、亞瑟最親近的朋友加溫結婚。

亞瑟非常吃驚，他看著女巫，老邁駝背、醜陋不堪、身上散發著難聞的氣味……而加溫高大英俊、誠實善良，是最勇敢的武士。亞瑟不同意，他認為自己不能為了自由而置朋友的幸福於不顧，否則他一輩子都不會原諒自己。加溫知道這個消息後，對亞瑟說：「為了你和我們的國家，我願意娶她。」

女巫告訴了亞瑟問題的答案：女人真正想要的，是主宰自己的命運。女巫說出了一條偉大的真理，大家都心服口服，於是亞瑟自由了。

婚禮如約定進行，女巫絲毫沒有禮貌，用手抓飯、打嗝、說髒話，所有的人都感到噁心，亞瑟也為自己的行為悔恨，加溫卻一如既往的謙和。

新婚之夜，加溫不顧眾人勸阻，堅持來到新房，準備面對一切。然而，一個從未謀面的絕世美女卻躺在他的床上，她竟然是女巫！女巫對善良的加溫說：「在一天的時間裡，我一半是醜陋的女巫，一半是傾城的美女，加溫，你想要我白天或是夜晚是哪一面呢？」

加溫鎮定地回答道：「既然妳說女人真正想要的是主宰自己的命運，那麼就由妳自己決定吧！」女巫熱淚盈眶的說：「我選擇白天夜晚都是美麗的女人，因為我愛你！」

愛情是漫漫人生路上永遠美麗的風景，可是，在情到深處，有的人總希望兩人的愛沒有界限，感情能永遠完美，於是以愛為由，對愛人提出許多期待、要求，想要控制愛人。其實，每個人都有一個屬於自己的心靈世界，當我們在愛一個人，或想要去愛一個人時，可千萬不要企圖去占領他（她）全部的心靈世界，因為每一個心靈裡可能都有一處禁不住碰觸、最柔軟也最脆弱的角落。愛情是需要空間的，蠻橫控制對方的喜怒哀樂，只會禁錮愛情。

愛情是自私的，但我們不能以自己的喜好來主宰愛人的生活，愛人有自己選擇的權利。當我們尊重愛人、理解愛人的時候，得到的往往會更多。

哈佛專家指出，愛情不是一種權力，更不是一種交易，你萬萬不可能用占有的方式和控制對待它，失去了自由的愛情，終有一天會慢慢老化。愛情就像手中的沙，抓得越緊，漏得越多，不要刻意去抓住它，愛到深處要鬆手，這樣的愛情才是幸福和諧的。

第二章

摸清男人心理，做聰明的女人

欲擒故縱、若即若離，激起他的狩獵欲

哈佛心理學家認為，男人最鍾情的是那些會吊自己胃口的女人，欲擒故縱、若即若離反而會讓他的感情升溫。男人會認為，自己得不到的東西更有誘惑力。如果愛情來得太容易，男人就會因此喪失激情。打個比方，如果男人是一隻小貓，那你就當牠鼻尖上的一塊帶魚好了，只有這樣，他才能始終保持著對你的渴望與追求。

如果女人在面對自己心愛的男人時，能有意保持若即若離的距離，讓他看得到，卻摸不著，心癢難耐，狩獵欲被激發起來，這個男人已註定是你的囊中之物。

女人要想追到心儀的優質男人，讓他乖乖走進你的愛情陣地，不妨對他要點欲擒故縱的小詭計，讓他覺得你不完全屬於他，因而害怕失去你。不要把男人看得太緊，因為男人通常會很害怕被綁住。而且，你也不要給男人一種好像你離不開他的感覺。你得讓男人有自己的空間，這對你們的關係有益無害。人是矛盾的，你越顯得不在意，男人反而會加快步，緊追不放。

確實，男生喜歡「壞」女孩，是因為她們很懂得「吊」男人的胃口，讓他們有一種追逐的快感。相反地，那些乖乖女總是言聽計從，一追就到手，結果卻讓男人興味索然。

對男人來說，總有一種「便宜沒好貨」的意識，越難追的女孩他們會覺得越有價值，越容易到手的女孩反而越沒有成就感，幾天之後就膩煩了。

這就如同玩撲克牌。假如剛一開局他便大獲全勝，就意味著他整個晚上的使命已經結束。反之，如果他的贏局來得非常慢，一開始總是勝少負多，就是烈馬也難以把他拉走，因為他總覺得自己很快就會贏，他離勝利只有一步之遙。

當然，被男人追求的女人，也不必過於矜持。如果喜歡他，就應該漸漸接受他，讓他去做一個真正的男人，給予他追逐的快感。這個尺度一定要把握好，最好永遠別讓他感覺到，你已經在他的掌控之中，這樣他才永遠不停止對你的追求。

耍點小心機，讓他開口約你

你遇見了心目中的白馬王子，愛情的火苗在你心中滋長，你也能感覺到他心中的化學變化，但是他從不約你出去，只是這麼在愛情的邊緣曖昧著。很多時候，男人在決定工作執行方向時很果決，但碰上這種事情的時候，就會變成一塊大木頭，決斷能力瞬間退化成情竇初開的國中生。他們往往容易忽視女人給他的愛情暗示，也忽視了自己內心的那些細微的化學變化。

這種時候，女人如果還只是一直等待，就註定錯失這段愛情。哈佛心理學家建議，這時候不妨要點小心機，不動聲色地推他一把，他就會輕易掉入了你的愛情之囊裡。

佩蒂喜歡上了她的一位客戶。有一回見面本來約好十點，但是那個男人臨時有事推遲了一個小時，他們談完已經午飯時間了。男人說，不好意思讓你久等了，不如我請你吃飯賠罪吧！佩蒂壓抑著咚咚亂跳的，假裝為難地考慮了一下，說對不起我發個短信，因為本來和朋友約好一起吃飯，現在只好先跟朋友取消了。

就這樣，他們開始了非工作式的交往。佩蒂當然要回請他。第二次一起吃完飯，他們之間隨意了許多。三天之後，佩蒂買了條領帶送給他，謝謝他對她工作的支持。再三天，佩蒂以自己生日為名請他出來吃飯。一個星期主動約了人家三次，這已經不是一個尋常的數字。如果他有意，該明白佩蒂的心，如果無意，那麼再努力也沒有用。於是佩蒂開始收手。

果然不出所料，一周後，男人終於約了她。見面的第一句話是，你好像突然失蹤了，我很不習慣。瞧，她成功了！

在這場愛情的暗示中，佩蒂正是不動聲色地要了一點小心機：適當矜持，卻又主動出擊，見好就收，這才激起了對方的興趣，為自己贏得了交往下去的機會。雖然有情，卻在對方要求一起吃飯時適當矜持，並最後決定推掉別人的飯局。這個小花招對男人有兩點暗示：有很多人想跟我一起吃飯，我的人緣很不錯；我推掉了別人，說明我重視你。一星期約人家三次，真可算是死纏爛打。不過只要找到合情合理的理由，並在約會時保持矜持與可愛，讓他覺得：這是個可愛的女人，對我也挺有意思的，我是不是應該追求她？主動幾次後見好就收，無論如何他都會想：人家女孩子主動幾次了，於公於私，於情於理，我都應該主動一下。

哈佛心理學家指出，在這場愛情遊戲中，重要的是你得讓男人覺得是他在追你。追逐新獵物的過程，會讓他更熱情且充滿刺激。

你的三分神祕，成全他的萬般想像

生活中存在很多這樣的愛情現象，許多女人都在疑惑，為什麼男人一旦擁有了自己，就不像以前那樣愛自己了，那就是因為雙方一旦進入這種狀態，就開始要求對方什麼都要向自己開放、坦白，不允許對方有隱私。你不再神祕，他沒有想探尋你的願望了。所以，他就要開發新的神祕目標了。

有人曾說，枕上無英雄，枕上也無美女，天天在一起，早晚要原形畢露。當一個女人失去了在男人心目中的神祕感，也就讓男人失去了繼續探索的興趣，你也就漸漸由

「女神」下放成了路人。

哈佛心理學家建議，女人需要保留一點神祕感，讓男人永遠覺得你是一本百讀不厭的書。這是給男人最好的禮物，也是女人保持魅力的最好手段。

兩個剛認識不久的人，一定會非常迫切地希望知道對方的事情，這是理所當然的，卻也會造成不利局面。對方一旦了解了你的全部，對你的興趣也會隨之冷卻。因此，要使每次約會都有新鮮感並使他一直對你抱有興趣，一定要在戀愛期間保有一點神祕感，這種若即若離的態度會使你像一塊磁石，將他越吸越緊。

哈佛專家指出，「神祕感」的另一層含義是「新鮮感」。當一個女人在男人的眼裡失卻了神祕感，也就失卻了新鮮感，而從哲學意義上來說，喜新厭舊又是人的本性，無論是男人還是女人都是一樣的。

第三章

明智男子要懂些女人心

消除陌生感，縮短與她的心理距離

哈佛心理學家建議，在與陌生女人交往的過程中，要縮短與她們的心理距離可採用以下幾種方法：

一、理解對方，投其所好

在和女人交往之前，盡量對其性格、興趣和愛好有一個全面了解，以便在相處過程中理解對方。在交談中，儘快找出對方的興趣所在，投其所好，把話題集中在對方身上，她自然會視你為知己。

二、尋找共同點，把握交往度

在與女人交往時，要堅持求同存異的原則，在交流中多尋求雙方在興趣和愛好方面的共同點。另一方面，還要避免犯交淺言深的毛病。

三、看準時機，適時切入

看準情勢，不放過應當說話的機會，適時插入交談，適時地「自我表現」，能讓對方充分了解自己。交談是雙方面的，光了解對方，不讓對方了解自己，難以深談。陌生女人如能從你切入式的談話中獲取教益，雙方會更親近。適時切入，能把你的知識主動有效地獻給對方，實際上符合「互補」原則，奠定了「情投意合」的基礎。

四、借用媒介，縮短距離

尋找自己與女人之間的媒介物，以此找出共同語言，縮短雙方之間的距離。對女人的一切顯出濃厚興趣，通過媒介物引發她們表露自我，交談就能順利進行。

五、談話留有餘地

在與女人說話的時候，不要總是自己一個人侃侃而談，交談和諧，可以縮短距離。

六、多讚美，令人喜悅

對於讚美，女人永遠不會嫌多。一般來說，讚美分兩種，有直接讚美和間接讚美。直接讚美要誠懇、熱情；間接讚美要有分寸，注意讚美一定要自然，恰到好處。

七、保持微笑

在女人面前，千萬別忘記保持微笑，這樣可以給女人一種和藹可親的印象，使她們覺得你和她交往是熱情而誠懇的。

八、培養幽默感

在女人眼裡，幽默感是男人的一大優點，因此，在適當時候講一個笑話，不但能緩解緊張的情緒，而且會增添愉快的氣氛。

九、注意談吐與風度

不可故作驚人，搬弄是非，到處講別人的隱私。與女人相處要擺正自己的姿態，調整自己的策略，既不能狂傲放肆，也不能卑微拘謹，這樣才能收到彼此共融的效果。

十、留心傾聽

在女人面前，你必須記住這一點：你對她們好奇，她們也對你好奇，仔細傾聽，積極回應是必修的一門課。

十一、多稱呼她的名字

女人往往對自己的名字感到格外親切，當被人以親切的口吻稱呼名字時，會覺得非常溫馨，會產生一種特別的效果。

含蓄表達愛意更能取得對方的認可

哈佛專家告誡人們，如果不講求愛的方法和技巧，貿然向人家求愛，結果會碰一鼻子灰。

夏皮羅是一個老實人，他愛上了同事希拉，他覺得希拉對自己應該也有意思，只是拿不準。因為這事，他茶飯不思。一天，他決心向希拉求愛，「希拉，過來一下，我有話跟你說。」希拉走過來，問：「什麼事？」夏皮羅脫口而出：「我愛你！可以當我的女朋友嗎？」希拉大驚失色，回道：「神經病！」說完，匆匆而去。夏皮羅受此打擊，不要說求愛，連希拉的面都不敢見了。夏皮羅錯就錯在了過於直白的表達上。

馬克思曾經說過：「在我看來，真正的愛情是表現在戀人對他的偶像採取含蓄、謙恭甚至羞澀的態度。」

哈佛心理學家指出，含蓄表達愛情，可以使話語具有彈性，不至於遭到拒絕就沒法挽回。再者，這也符合戀愛時的羞怯心理。

讓她感動，才會甘願被你握在手中

哈佛心理學家告訴我們，兩個人生活在一起，出現矛盾是很正常的。自己犯下的錯，要用心彌補，以自己的愛感動對方；愛人有錯誤，要學會寬容，只要有一顆寬容的心，所有的矛盾都會迎刃而解。

從前有這樣一個故事：

有一對夫妻非常恩愛，情感十分融洽。一天，丈夫斯托里在外面受了點氣跑回家，妻子西爾維婭關心地上前詢問丈夫，卻被斯托里罵回去。西爾維婭無端受了丈夫的辱罵，越想越生氣，哭得越傷心，一連幾天茶飯不沾，滴水不進，躺在床上生了大病。斯托里請來了許多醫生都沒有治好，眼看病勢越來越重，就遠道去請名醫。

走在路上，斯托里遇到了好心的特蕾西婆婆。聽了斯托里說的情況，特蕾西婆婆就在路旁撿了一塊石頭，遞給斯托里說：「這是一塊神奇的石頭，你回去用文火煮軟，煮的時候千萬不能離開，燒乾了再加水，等石頭軟了再來找我要別的藥。這可是我祖傳的祕方，你一定要嚴格按照我說的方法做，你的妻子很快就能好起來。」

斯托里回家就按特蕾西婆婆的吩咐煮石頭，水燒乾了加水，加了水又開始煮。就這樣煮了七七四十九次，石頭依舊堅硬。西爾維婭看不過去了，問：「是不是搞錯了？」斯托里說：「肯定不會錯！」又接著煮了一夜，石頭仍然堅硬如故。西爾維婭過意不去，堅持要下床照看著火，讓他去特蕾西婆婆那兒問清楚。

特蕾西婆婆問了煮石頭的經過後，哈哈大笑道：「你妻子的病已經好了，你放心回去吧！」斯托里回去一看，西爾維婭的病果然好了。原來妻子看到斯托里如此誠心牽掛她，氣消了，病也好了。

人都是有各自感情的動物，兩個人在一起不爭吵是不可能的，相愛容易相處難，免不了要吵吵鬧鬧。在與愛人發生矛盾的時候，如果是自己錯了，一定要主動承認錯誤，做一些讓對方高興的事，千萬不要任性，把矛盾激化。只要你通過自己的努力讓愛人看到你對的愛，矛盾的烏雲就會漸漸散去。

斯托里為了彌補自己的過錯四處尋醫，可以看出他是愛妻的人，只是無心犯了錯。為了給妻子治病，他遵從特蕾西婆婆的囑託，拚命煮石頭。其實特蕾西婆婆是為了感動他的妻子，讓她不要再計較。在斯托里的堅持下，妻子被感動，二人也重歸於好。夫妻間的矛盾，沒有絕對的對與錯，只要有人先讓一步，矛盾自然也就消除了。

愛的最高境界就是相互寬容，對於愛人犯下的錯誤，要保持一顆寬容的心。愛情是需要經營的，夫婦間多一點理解，少一點責備，愛情生活才會長久甜蜜。

第四章

心理學定律幫你解答愛之謎題

利用「異性效應」（Heterosexual effect），讓男人「聽話」

溫蒂是某公司公關部經理，她人脈很廣，出馬必勝，為公司做了很大貢獻。公司的原料奇缺，負責這一部分的同事四處奔走，連連碰壁，而溫蒂一出馬，問題便迎刃而解。公司資金周轉不靈，急需貸款，急得總經理像熱鍋上的螞蟻，而溫蒂周旋於銀行之間，沒多久就獲得貸款上百萬元。溫蒂因此得到公司的器重。

哈佛心理學家分析溫蒂的案例時指出，溫蒂成功的祕訣有兩方面的原因。首先，她具有清醒的頭腦、敏捷的口才、豐富的知識和閱歷，接物待人也比較靈活。此外，她的成功其實也和她端莊的容貌、嫻雅的外表有很大的關係。可以說，富有女性魅力的外表為她加分不少。

我們知道磁極是「同性相斥，異性相吸」，其實人與人之間也會產生類似的關係效果。在一男一女的社交場合中，男性常常想表現出舉止瀟灑、氣度不凡、才華橫溢、談吐幽雅、妙語連珠，這樣很容易喚起女性的好感。當然，男性在這種社交場合中，想取悅對方從而得點好處常常不是本意，而是一種潛在的心理意識。

哈佛專家認為，這種異性正效應，在青年男女身上表現得更為強烈。這是因為青年人隨著身心發育的成熟，正處於對異性的親近、愛慕和追求期，常常會不由自主地將注意力移到異性方面。他們在情感上渴望與異性交流，以發現自我、完善自我和理解別人，從而體驗到深深的情感依戀，渴望得到異性的肯定以增加自信心。

愛情的美酒為何沒了味道——戀愛高原心理

戀愛雙方在戀愛期間如膠似漆，使得雙方在情感上有了互相依賴與支持，品嘗著愛情的美酒。但是這種美好的感覺是有期限的，一段時間之後會出現精神疲乏，心理上產生一種茫然和失落感；常會感到有段時期既想保持熱戀中的甜美，充滿激情的愛戀，但又感到與戀人交往後失落感愈來愈強，總覺得戀人不如從前，其魅力少了，體貼弱了，各個方面都不如意了，有一種不滿足又茫然不知所措的心理，戀愛者的這種心理，在心理學上稱為戀愛中的「高原心理」。

哈佛專家指出，「高原心理」導致戀愛雙方對對方作出錯誤的判斷，如果不能正確對待它，就有可能使本來很美滿的戀愛化為烏有。

熱戀後雙方整天廝守在一起，旁若無物，自由安排的活動時間沒有了，與同伴一起輕鬆愉快的交流時間沒有了，因此原來的活動空間相對縮小，社交範圍相對變窄，精神生活也沒有戀愛前豐富了。這種改變使人的心理失去平衡，產生不適感，感到人際關係的壓力。

戀愛時期雙方都是非常敏感的，彼此只要一點變化都能體驗到，還會產生放大效應，這樣會沖淡戀人感情，削弱親和力，「高原心理」就會不知不覺產生了。所以要適當保持各自原有的活動空間和原有的交際圈，因為戀愛中的愉快情緒可以向外界投射，以減小內心壓力。

哈佛心理學家告誡說，過於坦白對增進感情並無幫助，也剝奪了慢慢了解一個人的樂趣，保留一個人的小祕密，令對方不時有發現的餘地，更可以鞏固彼此的感情，維持個人的興趣，更能彼此增添情趣。

第九篇

不一樣的色彩，不一樣的心理

第一章

看似費解的色彩現象

為什麼女人喜歡粉色

粉色的鞋襪，粉色的圖案，粉色的指甲油。生活中，這些粉色的事物幾乎全都與女性緊密聯繫在一起。構成了一道迷人的風景。女性為什麼對粉色格外鍾情？

哈佛心理學家解釋，女性喜歡粉色跟自身的「母性意識」有關。一般而言，選擇粉色的女性母愛濃郁而強烈，是位溫柔可愛的「家庭型」女人。從心理學角度來講，粉色是女性子宮內壁的象徵色，也是表現母性本能不附帶任何條件的愛的顏色。喜歡粉色的女性，在她的體內就好像聚積了一團在母親胎內才有的溫馨柔和的軟能量，無論對誰，都能緩緩無私地釋放出來，很容易讓人感到她是位有著母愛的人。

從這個角度來說，喜歡粉色的女性都是屬於樂施好善、心地善良，而且助人為樂的人，時常能體會到「我被需要著」的感覺，這種心情常常會令喜歡粉色的女性感到幸福。

正因如此，如果身邊沒有可以盡情傾注自己的善意、自己的愛的對象時，她們會產生忐忑不安，鬱鬱寡歡的消極情緒。喜歡粉色的女性由於其強烈的母性意識，使得第六感異常敏銳和發達，戀人或丈夫稍露不端，馬上就會被她們察覺出來。所以對喜歡粉色的女性來說，雖然具有施愛的天性，樂意幫助他人的美好品德和一顆善良純淨的心靈，但也要注意保持適當的空間給你周圍的親人朋友，否則有時候反而容易給人造成壓力，繼而疏遠。

投降時為什麼要舉白旗

打開電視機看戰爭片，硝煙瀰漫的戰場上，雙方對峙良久，終於有一方舉起了白旗表示投降。你是否思考過，投降時人們為什麼要用白旗呢？

翻開人類歷史，在戰敗投降後舉白旗便成了某種約定俗成的慣例。在哈佛心理學家看來，投降時舉白旗，而不是其他顏色的旗子，實際上是滿足了勝利一方的支配心理。支配心理是指在各種人類行為中表現出來的，以滿足自我控制欲、支配欲為目的的一種心理狀態。這種心理狀態強調的是以自我為中心，凸顯自己的目的與願望，而強行施於對方。

哈佛心理學家解釋，投降舉白旗，實際上就是以白色旗幟為底板，在上面塗上屬於勝利者的顏色，從而在精神實質上支配和控制失敗的一方，以此達到操控的目的。心理學家認為，這種方式是對原始社會晚期對戰爭中失敗一方取消其圖騰，或在其圖騰上塗上自己部族吉祥顏色的一種延續。

支配心理無疑是一種強勢的心理狀態。具有支配心理的人往往是某個團隊的中心人物，具有較強的組織能力。這種支配心理給人帶來負面的影響。它使人喪失包容性，失卻基本的人性關懷和尊重，缺乏對人的基本信任。無論是在生活中，還是工作上，這些負面影響都會導致不幸的結果。

怎樣能調節支配心理呢？哈佛專家的建議如下：

1.少一點完美，多一點諒解，並此基礎上，改善與他人的緊張關係。

2.如果對他人有所不滿或失望，要痛快淋漓地表達出來。以謙卑的姿態去包容他人的過失。

3.在面對比自己地位低的人時，要放低自己的姿態，以理性的交往取代支配他人的心理。

當你內心的支配心理影響到你的為人處世時，請牢記以上的三點建議。支配心理唯有在可控範圍內才能發揮積極的作用，相反則會形成可怕的惡性循環，造成不必要的危險和麻煩。

換了顏色，旅店起死回生

在美國阿拉巴馬州，曾發生這樣一件令人驚歎的事：

有個人開了一間旅館，但是由於經營不當，面臨倒閉。正好一位心理學家經過這裡，就向旅館老闆獻策：將旅館進行重新裝飾。到了夏季，將旅館牆面塗成綠色；到了冬日，再將牆面刷成粉紅色。旅館老闆按心理學家所說的做了之後，果然很吸引顧客，生意漸漸興隆。

為什麼粉刷牆壁就能改善旅館的經營狀況，使之扭虧為盈？其中的奧祕在哪兒呢？原來這位心理學家巧妙利用了人們的聯覺心理。聯覺是一種感覺引起另一種感覺的現象，這種心理現象實際上是感覺相互作用的結果。上述事例就是透過改變顏色，使不同顏色產生不同的心理效果，從而吸引顧客。

哈佛心理學家指出，不同的顏色會給我們帶來不同的心情，這是每個人都能體會到的。顏色會影響人們的情緒。有的時候，這種影響是至關重要。國外某地有一座黑色的橋樑，每年都有很多人在那裡自殺。後來有人提議把橋塗成天藍色，結果在那兒自殺的人明顯減少了。

從心理學的角度分析，黑色顯得陰沉，會加重人痛苦和絕望的心情，容易把本來心情絕望、瀕臨死亡的人，向死亡更推進一步。而天藍色和粉紅色則容易使人感到愉快開朗、充滿希望，所以不容易讓人產生絕望的情緒。

有研究表明，在一般情況下，紅色表示快樂、熱情，它使人情緒熱烈、飽滿，激發愛的情感。黃色表示快樂、明亮，使人興高采烈，充滿喜悅。綠色表示和平，使人的心裡有安定、恬靜、溫和之感。藍色給人以安靜、涼爽、舒適之感，使人心胸開朗。灰色使人感到鬱悶、空虛。黑色使人感到莊嚴、沮喪和悲哀。白色使人有素雅、純潔、輕快之感。

由於不同的顏色使人產生不同的情緒、情感。在臨床實踐中，學者對顏色治病也進行了研究，效果是很好的。病人如果住在塗有白色、淡藍色、淡綠色、淡黃色牆壁的房間裡，心情很安定、舒適，有助於必得健康。

也有研究指出，顏色可以影響人們的食欲。橙黃色可以促進食欲，黑白色則會降低食欲。適宜的顏色不僅影響食欲，而且可以增進健康。人們通常習慣於把醫院和診所的牆壁刷成白色，因為白色給人清潔的印象，也可使痛苦的病人安靜下來，這樣有利於治療、恢復健康。德國慕尼克市的醫院通過實驗還發現，淺藍色的牆有幫助高燒病人退燒的作用，紫色會使孕婦安靜，赭色有助於升高低血壓病人的血壓。

不可思議的是，顏色甚至影響著人們的工作效率。專家們還發現，黃色、橙色和紅色能激發人們的熱情，提高人們的積極性。運動場上總是紅旗招展，現在新型的塑膠跑道上也畫出了色彩鮮豔的跑道線，其目的亦在於激起運動員的神經興奮，使他們進入良好的競技狀態。相反地，藍色和紫色等屬於消極色，會減慢人們的工作節奏。

第二章

不可思議的色彩魔法

色彩的「縮放魔法」

有許多女性喜歡選擇穿著長褲，其中最引人注目的當屬穿黑色褲子的女人，她們的雙腿看起來纖細漂亮。不過，穿黑色褲子的女性的腿真的比其他人要纖瘦嗎？其實讓穿著黑色褲子的女性換穿別的顏色的褲子，譬如說白色的，你會發現，其實大家的身材都差不多。穿上黑褲子就會顯得雙腿纖細漂亮，這就是色彩跟我們玩的小魔術。

哈佛心理學家解釋說，不同的色彩會有很大的視覺差別，即使是大小相等的圖形，由於表面色彩相異，也會給予人不同的面積感。你可以找出一張紙、一隻黑色的碳素筆做個小實驗。在紙上畫兩個同樣大小的圓形，把其中一個塗成黑色，你會感覺到，白色圓形似乎比黑色圓形的面積大。這種因心理因素導致的物體表面面積大於實際面積的現象稱為「色彩的膨脹性」，反之稱為「色彩的收縮性」。

色彩的脹縮與色調有著密切聯繫，一般來說，暖色屬於膨脹色，而冷色屬於收縮色。我們試想一下暖色的夕陽，溫暖的橙色有一種膨脹感，造成廣闊無垠的視覺效果；

冷色會讓視覺收縮，使人把原本大的東西看得比實際要小，譬如在房間裡放一個藏青色的沙發會比放一個粉色沙發顯得占地面積小。

生活中有許多能利用色彩「縮放魔法」的地方，只要使用得當，能給我們的生活帶來便利。一定要注意的是，千萬不要一時粗心，把色彩的魔法用錯而收到反效果就糟糕了。

奇妙的色覺心理

哈佛心理學家告訴學子，人類對藝術作品的審美百分之八十以上是依靠視覺而獲得的，大多的審美資訊是由視覺來捕捉，對於繪畫藝術的審美來說，首先是「悅目」而至「賞心」，能夠帶來「悅目賞心」的美感體驗，很大程度離不開對色彩的感覺即色覺。

哈佛心理學家認為，色覺心理是一種極其複雜而奇妙的心理活動，儘管不同的色彩對人的視覺刺激作用有快有慢、有強有弱，視覺造成的心理反應也因人而異，但人們對大部分色彩的心理反應乃是基於對色彩的一種普遍共識。

一、色彩的冷暖感

眾所周知，在寒冷的冬季，人們都喜歡穿深色服裝，因為白色等淺色會給人一種寒意。其實，色彩本身並無冷暖的溫度差別，是視覺引起人們對冷暖感覺的心理聯想。在色彩心理學中，色彩根據不同的色相分為暖色、冷色和中性色。從色相環上看，有暖和感的是紅紫到黃色，其中紅色、橙色是最暖的色；中性色為紫色和綠色，它們是由冷暖兩色的紅與藍及黃與藍混合而成，因此呈中性化；有寒冷感的是藍綠至藍紫色，其中藍色是最冷的顏色。同時，色彩的冷暖感覺還具有相對的傾向性。例如，同屬黃色相的檸檬黃偏冷，而中黃則感覺偏暖，但如與黃橙色相比，前兩色又都顯示出寒冷感的傾向。

二、色彩的軟硬感

不知道你是否留意到：同在一幅畫上，只是選擇了不同的顏色，有的地方看起來柔軟，有的地方卻看起來比較硬挺，如人物的衣服看上去就比其他地方柔軟得多。不必好奇，這些都是色彩軟硬感的一些表現。

色彩的軟硬感覺主要來自色彩的明度變化，但與純度亦有一定的關係。明度越高感覺越軟，明度越低則感覺越硬。明度高、純度低的色彩有軟感，中純度的色也帶軟感，而高純度的色彩都呈硬感，當它們低明度時則硬感更強烈。但需要注意的是，白色是比較特殊的，其軟感幾乎不突出。

三、色彩的動靜感

紅、橙、黃等暖色鮮豔而明亮，色彩豐富，給人以活潑、華麗、興奮的感覺，即有動感；藍、藍綠、藍紫等冷色樸素、淡雅，給人以沉著、平靜的感覺，即有靜感。此外，純度關係中，高純度色易引起興奮感，低純度色則易產生沉靜感。而明度關係中，高明度、高純度的色彩呈興奮感，低明度、低純度的色彩呈沉靜感；在色彩組合中，強對比的色彩富有動感，感覺通俗流行，而弱對比的色彩則顯得寧靜，色彩感覺高貴。

四、色彩的輕重感

如果要在等面積的深色與淺色之間作輕重的比較，我們無疑會得出深色較沉重的結論，這是由於色彩和視覺經驗形成的重量感作用於人心理的結果。

色彩的輕重感主要取決於明度，顏色中黑色感覺最重，而白色感覺最輕。低明度的色彩（如深褐色）顯得重，易使人聯想到鋼鐵、石材等物象，產生沉重、穩定、下降等感覺；高明度的顏色（如淺藍、淡黃）顯得輕，使人聯想到藍天、白雲、花卉等，產生輕柔、飄浮、上升等感覺。同一色相在明度相同的情況下，純度高的感覺輕，純度低的感覺重。

五、色彩的興奮感與沉靜感

色彩的興奮感與沉靜感與色相、明度、純度都有關，其中純度的作用最為明顯。在色相方面，凡是偏紅、橙的暖色系具有興奮感，凡屬藍、青的冷色系具有沉靜感；在明度方面，明度高的色具有興奮感，明度低的色具有沉靜感；在純度方面，純度高的色具有興奮感，純度低的色具有沉靜感。強對比的色調具有興奮感，弱對比的色調具有沉靜感。

六、色彩的距離感

由於空氣透視的關係，各種不同波長的色光在人眼視網膜上的成像有前有後。所以，暖色系的色相在色彩距離上有向前的感覺，冷色系的色相給人後退及遠離的感覺；大體上光度較高、純度較高、色性較暖色的有近距離感，反之，則具有遠距離感。六種標準色的距離感按由近而遠的順序排列是：黃、橙、紅、綠、青、紫。但實際上這是視錯覺的一種現象。

此外，色彩的距離感還與色彩對比的知覺度有關，凡對比度強的色彩具有前進感，對比度弱的色彩具有後退感；膨脹的色彩具有前進感，收縮的色彩具有後退感；明快的色彩具有前進感，曖昧的色彩具有後退感。

現在，你應該明白為什麼有些繪畫作品能帶給人栩栩如生、身臨其境的感覺了吧？

不同顏色的心理效果

哈佛心理學家告訴我們，不同的色彩會給人帶來不不同的心理效果。不同色彩之間的搭配，會讓人產生不同的感受。下面，我們依次分析幾種常見色彩：

一、黑色

黑色是暗色，是明度最低的非彩色。黑色如果作為單色，通常會給人一種強、硬、厚重、不吉利、神祕、尖銳、悲哀、壓抑等感覺，有時給人一種沉默、莊嚴、肅穆之感。不過，黑色在作為色彩單獨使用時，應適當用亮色加以調節。

黑與紅、黑與白是永恆經典的搭配，前者給人大膽、激烈的感覺，後者給人尖銳、簡潔的感覺；黑與淺黃、橘黃的組合會產生摩登感；黑與深紅的組合會產生莊重感；黑與藍顯得深沉、冷峻；黑與金的搭配高貴、莊重。概括來說，黑色是一種比較大眾化的色彩，也是非常有力的搭配色。

二、白色

白色的色感光明，如果作為單色會給人純潔、無暇、真實、清潔、警惕心、失敗、孤獨、冰冷等印象。無彩的白色，幾乎是一種萬能色，可以與任何顏色搭配在一起。例如，白色與紅色組合搭配，讓人感覺鮮嫩而充滿誘惑；白色與黑色對比搭配，給人一種尖銳、正式的感覺；白色與藍色組合搭配，使人感覺清冷、潔淨；白色與粉色組合搭配，使人感覺溫馨、浪漫；白色與橙色組合搭配，有一種乾燥的氣氛；白色與綠色組合搭配，給人一種動感十足的感覺；白色與紫色組合搭配，可誘導人聯想到淡淡的芳香。

三、紅色

紅色的色感溫暖，是一種對人刺激性很強的色。紅色作為單色，容易引起人的注意，使人產生興奮、激動、熱情、精氣神十足、緊張、衝動、攻擊性等感覺，還是一種容易造成人視覺疲勞的顏色。

在眾多顏色中，紅色是最鮮明生動的、最熱烈的顏色。它與不同顏色搭配，會給人帶來不一樣的印象與心理效果。例如，紅色與黃色或橙色組合搭配，能夠為人們營造一種熱鬧、歡快的氣氛，使人心情暢快；在紅色中加入少量的藍，會使其熱性減弱，趨於文雅、柔和；紅色與黑色組合搭配，會給人大膽、激烈之感；在紅中加入少量的白，會使原本十分強烈的紅色顯得溫柔些，趨於含蓄、羞澀、嬌嫩之感。簡而言之，紅色充滿了能量，與其他顏色組合，往往能給人以深刻的印象。

四、藍色

藍色是永恆的象徵，也是最冷的色彩。純淨的藍色表現出美麗、文靜、平和、理智、自然、安詳與潔淨之感。由於藍色沉穩的特性，具有理智，準確的意象，在商業設計中，強調科技，效率的商品或企業形象，大多選用藍色當標準色。同時，在心理學上，深藍色會給一些容易接受暗示的人以壓迫感，但也會讓樂觀的人產生放鬆的心態。藍色與淡紫色搭配，給人一種微妙的感覺；藍色與黃色相配，對比度大，會讓人感覺較為新鮮、明快；藍色與黑色組合搭配，給人一種幹練的都市感；藍色與白色組合搭配，給人清爽、涼快之感；藍色與紅色組合搭配，整體充滿活力，讓人感覺動感十足。

不得不承認，藍色是一種博大的色彩，正如天空和大海這遼闊的景色都呈蔚藍色一樣，現實的色彩世界中總是會有它的身影，它的出現，讓世界多了一份沉靜。

五、黃色

黃色是亮度最高的色調，如果作為單色使用，會給人帶來華麗、溫暖、健康、希望、愉快、燦爛、輝煌、孩子氣、注意、不安等印象。

黃色是各種色彩中，最為嬌氣的一種色，在與其他顏色搭配時，會給人帶來不一樣的心理效果。例如，在黃色中點綴少量的藍，會使其趨於一種平和、潮潤的感覺；黃色與黑色或紅色組合搭配，反差強烈，非常具有視覺衝擊力，給人強烈、注目之感；黃色與白色組合搭配，會給人一種明快之感；黃色與粉色組合搭配，能讓人感覺甜蜜、可愛。

總之，黃色象徵著光明和快樂，如果與明亮的顏色搭配，可以使人感覺充滿活力，快樂起來；如果與暗色搭配，反差越強烈越引人注意，

六、綠色

綠色是具有黃色和藍色兩種成分的色。在綠色中，將黃色的擴張感和藍色的收縮感相中庸，將黃色的溫暖感與藍色的寒冷感相互抵消。這樣使得綠色給人以柔順、自然、和平、恬靜、優美、安全、平等、成長的感覺。

在配色方面，可與綠色相組合的顏色也很多。例如，綠色與黃色組合搭配時，給人活潑、舒暢、友善的感覺；綠色與白色組合搭配，給人一種新鮮、潔淨、清爽的感覺；綠色與橙色組合搭配，給人一種悠閒、易接近的感覺；綠色與灰色組合搭配，給人一種冷淡、酷的感覺。

由於綠色是平衡色，所以無論與冷色搭配，還是與暖色搭配，使用都相當廣泛。同時，它總能讓人們聯想到生命，如森林、植物等，因此也被視為生命的象徵。

第三章

以色彩偏好洞察人心

喜歡紅色的人：熱情、外向

紅色是非常受歡迎的顏色，而且不分男女。哈佛心理學家研究發現，喜歡紅色的人性格幾乎都是外向型，通常活潑好動，激情四溢，精力充沛。與此同時，這類人也大多熱情魯莽，而且極富正義感。

從某種程度上講，喜歡紅色的人不會是一個好領導人。他們只想怎麼樣依照要求完成任務，從來不會計較代價是什麼。不過，他們也很容易會扯出一些題外話。他們通常不會花足夠的時間去關注某一件事，但當他們專注的時候，對自己的決定是很堅定的。

哈佛專家認為，喜歡紅色的人多是情緒型的人，他們可能在你面前突然像活火山一樣時不時地爆發，然後又很快恢復平靜。不過，這類人只要多使用淡一點的紅色或讓人冷靜的紅色，便可以彌補性格中的缺點。

此外，一個人如果喜歡磚紅色（紅褐色），表示他可能容易飲食不正常，或情緒不穩定；如果喜歡紅色中帶有藍色折光，多表示是情緒激昂，很有活力的人；如果喜歡橘紅色，表示不僅精力充沛，而且喜歡戶外活動；如果喜歡品紅色，多表示他性情比較溫柔樸實、坦率平和。

喜歡黃色的人：理性、積極

哈佛心理學家認為，喜歡黃色的人很理性、上進心強、好奇心強、愛好鑽研，很有科學精神、愛分析判斷、有獨立性且專業性。總體來說，這類人絕對是個挑戰者。

喜歡黃色的人普遍喜愛權力和控制他人。他們會是好的領導，一般能夠很有條理作出決定。在行動之前會認真分析每一個細節。每個戰略遊戲都能引起他們的興趣。同時，他們也很有生意頭腦，善於投資和賺錢。他們有著獨樹一幟的想法，具備走向成功的能力和推動力。他們多是理想主義者，擅長制定各種計畫，並一步步實現。

正如孩子們往往很喜歡黃色，喜歡黃色的人大都有依賴他人的傾向，甚至有些人非常缺乏自立心。在心理上，他們比較孩子氣、純潔、天真，喜歡自由自在，害怕受到束縛。當他們有壓力的時候，感覺有必要把自己的情緒隱藏起來，並且朝著這個方向努力。

不過，雖然同是喜歡黃色，但喜歡像奶油色那樣淡黃色的人，性格很穩定，平衡局面的能力也很強；而喜歡深黃色的人，個性會傾向有些自負、剛愎自用，他們會認為只有自己才能作出正確的決定。

哈佛專家指出，即使喜歡黃色，如果過度使用，很容易引起自身焦慮或招致別人的討厭。所以，最好使用黃色做點綴或與其他顏色搭配使用。黃色在短時間內可以提高人們的注意力，只是太多反而會適得其反。

喜歡藍色的人：嚴謹、感性

藍色代表著一種平靜、穩定，能給人一種和諧、寬鬆的感覺。哈佛專家認為，喜歡藍色的人性格多內向，有很強的團隊協調能力，講究禮貌，為人謙虛和藹。他們絕不是頭腦衝動的人，在行動前會制定一個周密的計畫。他們是謹慎派，會嚴格遵守各種規則，偶爾會固執己見，但基本不會持續太久。

哈佛心理學家認為，藍色是一種情感化的顏色，喜歡藍色的人一般比較容易傷感。當然，這類人也很容易滿足，能夠保持平衡調和，經常保持沉著安定，安全感比較強烈。他們喜歡和平，總是盡量使自己不與周圍的人產生摩擦，和諧是他們一切行動的指導。然而，這種性格有時會讓他們顯得有些懦弱。總體來講，他們比較信賴別人，同時亦希望自己能得到別人的信賴，所以處事比較圓滑。

此外，喜歡各種藍色的人，在性格上也有微妙的差異。例如，喜歡深藍色的人，一般比較理性，意志沉穩而堅定，喜歡凌駕於他人之上；喜歡淺藍色的人，心情開朗，充滿自信，為人隨和。

喜歡綠色的人：和平、朝氣

綠色代表著活力、生長、青春，與復甦、變化、天真、平衡等有關，給人希望。哈佛專家認為，喜歡綠色的人，意志堅定，不易動搖或改變，偏重於理性，自視很高。他們擁有截然不同的兩種特質，既有很強的行動力，又具備沉靜思考的能力；兼具優雅與知性；喜好寂靜又謹慎保守；行事不會逾越本分，非常明白自己的立場。

哈佛心理學家研究發現，喜歡綠色的人社會意識比較強，態度認真。他們能夠禮貌待人，普遍個性率直，基本不會掩飾內心的想法。他們會把自己的信念表達出來，並為了信念而努力。他們好奇心強，但不會積極採取行動，大多時候都要等同伴的召喚再一起行動。他們對事情大多比較敏感，會深入思考，把問題分析得很透徹。他們無論面對任何事都能冷靜處理，處事穩妥堅強，不會感情用事，所以深受別人信賴。

喜歡青色的人：溫柔、和平

青色是綠色與藍色的巧妙融合，所以喜歡青色的人在性格方面，兼顧了綠色的和平與藍色的感性。哈佛心理學家認為，他們性情溫柔，為人熱情、友善，對周圍的人都很體貼。

喜歡青色的人是一個值得交往的朋友，能夠令與自己在一起的人感覺非常輕鬆快樂。他們待人熱情友好，不以自我為中心；同時又非常善解人意，十分值得信賴。一方面，他們擁有火一樣的熱情，有幽默感和個性；另一方面，他們也相當穩重踏實。他們情感豐富，總是能夠深深體會到別人的感覺，並很快體會到別人的反應與情感變化。他們嚮往和諧，不太喜歡突如其來的變化與壓力，也不太喜歡自己做決定。

在他們的觀念中，人本身比單純完成任務更重要。他們樂於鼓勵別人，為他人著想，善於傾聽別人的傾訴並提供解決問題的辦法，總會十分周到的想到該做什麼事。在他們心目中，別人的快樂是他們快樂的源泉。

哈佛專家指出，雖然喜歡青色的人感性而溫柔，但他們本身又是非常堅強的，他們樂觀，對生活充滿希望，對於任何事情都能泰然處之，並且自得其樂。

第四章

色彩背後的心理學祕密

色彩心理學是一門科學

哈佛心理學家指出，色彩心理學是透過顏色來研究人類心理活動的科學。色彩心理透過視覺開始，從知覺、感情而到記憶、思想、意志、象徵等，其反應與變化是極為複雜的。色彩的應用，很重視這種因果關係，即由對色彩的經驗積累而變成對色彩的心理規範，當受到什麼刺激後能產生什麼反應，都是色彩心理所要探討的內容。

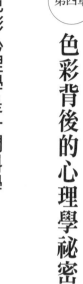

色彩牽涉的學問很多，包含了美學、光學、心理學和民俗學等等。心理學家近年提出許多色彩與人類心理關係的理論。他們指出每一種色彩都具有象徵意義，當視覺接觸到某種顏色，大腦神經便會接收色彩發放的訊號，即時產生聯想，例如紅色象徵熱情，於是看見紅色便令人心情興奮；藍色象徵理智，看見藍色便使人冷靜下來。經驗豐富的設計師，往往能借色彩的運用，勾起一般人心理上的聯想，從而達到設計的目的。

近年來，有關色彩心理學的研究日益增多，而且人們還把研究成果廣泛應用於實踐。例如，商家靈活運用色彩搭配，來吸引顧客、促進銷售和提高顧客的回頭率；人們會根據不同的場合及職業的需要，選擇不同的著裝。還有大家熟悉的食品包裝，一見到紅色糖果包裝，就會感到甜味濃；一見到淡黃色用在蛋糕上，就感到有奶香味等等。

人類探究色彩的歷史

人類有意識地應用色彩，則是從原始人使用紅土、黃土塗抹自己的面部和肢體、塗染勞動工具開始的。有資料顯示，在古埃及的遺跡中，考古學家發現了共有八種顏色的調色板，據說古希臘人所進行的色彩搭配是建立在一定的理論基礎之上。

關於人類對於顏色的系統研究，有人認為最早可追溯至西元前五百年左右的亞里斯多德等哲學家。隨著歷史文化的不斷發展，繪畫色彩在歷代畫家的苦苦追索中也產生著新的變化。到了歐洲的文藝復興時期，達芬奇、米開朗基羅和拉斐爾三位巨匠，破除了宗教的禁錮，從科學認識的角度把繪畫色彩提高到了一個新的高度。畫家們從單純臨摹聖像逐漸開始了「四固定」方式的寫生。於是，自然而然地發現了焦點透視與明暗規律，同時也開始發現了條件色的一些規律。

隨著光學在科學方面的不斷發展，美術界也受到不小影響。一六六六年，英國科學家牛頓發現了七色光譜，分析出各種色彩是不同波長的光。另一方面，德國詩人歌德則致力於色彩對人情感的影響的研究，並於一八一〇年發表了精神性的色彩這一理論。這就是現代色彩心理學的基礎。

十九世紀八〇年代，德國生理學家埃瓦爾德・赫林提出自然色彩系統（Natural Colour System）的思想。經過大量研究，自然色彩系統的理論最終於一九六四至一九七〇年間被確立。進入二十世紀以後，阿爾伯特・H・芒塞爾和威廉・奧斯特瓦爾德等人建立了我們沿用至今的色彩體系。

不過，真正意義上的色彩心理學研究還是從近年開始，客觀來講，它還是一門很新的學科。

用色彩調節神經

城市夜幕下的街道，喧囂卻孤獨。寒風卷起殘葉，立起衣領，去找一家咖啡館坐坐吧！淡橙色的燈光，濃郁的咖啡香會讓整個冬夜溫暖起來。走過各個城市，你會發現，幾乎每個咖啡館都會使用淡橙色的燈光。為什麼咖啡館喜愛使用淡橙色的燈光，而不用青白色的螢光燈照明？因為橙色燈光和夕陽很相似，有鎮靜的效果，螢光燈的青白色光會使人頭腦清醒，意趣全無。

哈佛心理學家研究表明，顏色對人類心理與生理都會產生很大的影響。人的眼睛看到不同的顏色，這些顏色會由視神經傳到大腦神經中樞，帶來不同的反應，人因而產生不同的感受。綠色讓人感到清涼爽快，藍色使人容易安靜、產生睏意，紅色使人熱情，白色使人冷靜。一般來說，紅、橙、黃等暖色系會令人變得興奮愉快，有活動的衝動，從而促進人體新陳代謝；綠、藍、靛、紫等冷色系則會使人心情趨向安靜，產生安閒、靜謐、溫柔的感覺。

咖啡館使用暖色燈光，會使客人陷入安逸浪漫的情境，身心放鬆並且心情愉快。書房裡使用青白色的螢光燈會使你精神煥發，減輕讀書時的睏倦感。臥室作為放鬆的房間，可以準備冷色、暖色兩種顏色的燈泡，天花板的照明燈使用冷色，檯燈、壁燈使用橘色光。從高處照下來的光因為能直接射入眼中，不知不覺就會使大腦清醒，清早打開高處的照明燈能夠輕鬆趕走睡意。晚上可以打開橙色光源，燈光正好可以柔和地灑落到床上，營造一個溫馨的睡眠環境。

色彩的正確運用能對人體產生正面影響，相反地，如果亂用色彩，則會對身體造成傷害。還以臥室為例，如果裝飾臥室時只講究時尚漂亮，坐在床上滿眼都是雜亂的色塊，就會造成強烈的視覺污染，擾亂人體生物鐘，影響睡眠甚至生理功能。

哈佛專家指出，個性憂鬱的人不要使用過多的黑色、墨綠色裝飾房子，因為它會加重抑鬱和偏頭痛。平時穿衣服也盡量要避開紫色、黑色等陰沉色調，改穿色彩清爽亮麗的衣服，這樣會使心情變得輕鬆愉快。

紅色會使人的心跳加速百分之十七，所以一般住宅不要漆成紅色，患有心臟病、心力衰弱、高血壓的人，起居室要遠離紅色。紅色最適合用於餐館，可以刺激食欲。至於象牙白的亞光牆壁、淺咖啡色床上用品、乳白色床頭燈都會將環境襯托得沉靜，使煩躁的心情變得平和，心臟病患者可以嘗試這種顏色的裝飾。

性情急躁的人可使用溫和的色彩使心神冷靜，需要精神煥發的場合多使用熱烈的色彩讓經神振奮，在不同的需求下巧妙使用色彩，能收到奇妙的效果。

第十篇

九型人格心理學

第一章

看透九型人的潛臺詞（一）

細說九型人格

哈佛心理學家認為，九型人格好比顯微鏡，它是我們了解自己、認識和理解他人的一把金鑰匙，是一件與人溝通、有效交流的利器。

九型人格不僅對個人生存有指導作用，還很多企業和機構，如惠普電腦、可口可樂、諾基亞、美國中央情報局等廣泛應用。全球五百強企業的管理階層都很重視研習九型人格，並以此培訓員工，幫助建立團隊、促進溝通、提升領導力、增強執行力等多方面能力的提升。因此使用九型人格解決身邊的問題，你會發現意想不到的效用。

一號完美型

哈佛心理學家研究發現，完美主義者總是希望得到別人的肯定，害怕出現任何差錯，他們對待工作和生活的態度永遠是精益求精，追求至善至美。

在完美主義者看來，到處都是改進的空間。一些嚴重強迫型的完美主義者會把大量休息時間花在自我提升上：坐公共汽車對他們來說，意味著練習正確的坐姿的良好機會；用午餐時，他們強迫自己必須一口咀嚼十下；自由時間，他們強迫自己去做一些具有建設性或教育性的事情……

【性格亮點】

一旦決定了某個正確的目標，他們就會通過忘我的工作讓人感到滿意。他們的內心總是渴望著把事情做好，並且願意為改善工作而付出長久的努力。

完美型人格追求精益求精，也希望能夠教導他人去追求最好。

他們會堅守標準，不輕易妥協和退步。為了堅信做正確的事情，他們不惜做出自我犧牲。

雖然完美主義者比較挑剔、喜歡批評，但是只要其他人能夠承認錯誤，他們會耐心給予幫助和引導。

【侷限和困擾】

完美型人格對生活和工作的方面都有極高的要求，因此，當現實不能滿足他們的期待時，他們常常有失望、沮喪、失落的情緒。

完美型人格容易注意別人的失誤和過錯，時常擺出批評、教訓的態度，容易引起他人的不滿。完美型人格遵守規則，眼裡揉不下沙子，這使他們常被負面情緒困擾。

因為完美型人格的嚴厲和苛責，他們的人際關係一般不是很理想，很多人對此敬而遠之。

【提升方法】

嘗試接受及包容自己的不完美。放鬆自己，不再壓抑自己的感受；做好自己，盡量不要以自己的標準要求別人。活在當下，而不要苛求百分百的正確。多留心其他環境因素，別以為自己的判斷等同於事實。

二號助人型

這是一張討人喜歡的臉，也是一張溫暖人心的臉。他們的表情總是溫和而友好，他們的手像是隨時準備幫助別人。

哈佛專家指出，從小到大，助人型人格者的生活意義好像永遠是為了別人開心。小時候為了得到父母的獎勵，他們做乖小孩；上學的時候為了讓老師讚賞，他們成了好學生；再後來為了伴侶的開心，他們總是想盡辦法討好對方。

他們忽略自己的真實意願，總是盡力讓別人高興，不為難任何人，除了他們自己。這樣的人是有責任感的，因為他們會選擇做應該做的事情，而非自己想做的事情。

【性格亮點】

助人型人格積極熱心，能給人提供有效的幫助，他們的支持能給人帶來力量化解困難。在人際關係中，心細如髮，關注他人的感受，總是能為別人帶來溫暖和感動。助人型人格的權力欲望不強，對於那些尋找權力的人，他們是有力的支持者。

【侷限和困擾】

容易忘記、忽略自己，所以他的時間和資源總是會嚴重透支。當他幫助了別人卻得不到對方的回應時，他會很沮喪，同時他又會加強，以期待更多人回應。如果沒有好的環境或好的制度，他們的利益是最容易受到損害的。

【提升方法】

學會接受別人的讚美。不要迎合對方。讓別人自己解決問題。清楚自己責任的界限，不必對別人的事情負責。將對他人的慈愛轉為對自己，問自己要些什麼。學會獨處，反思自己的需要。人人都需要關愛，當別人關心你的時候，懂得接受。

三號成就型

對成就型人格來講，最重要的是目標的實現，要感受到目標實現那一刻外界的肯定和讚美。哈佛心理學家指出，成就型人格總是精力充沛，並且爭強好勝，喜歡接受挑戰。他們認為自己的價值就在於自己的成就，如果沒有成就，他們就毫無價值。因此，他們會全心全意地追求一個目標，而且相信「天下無難事，只怕有心人」。

【性格亮點】

成就型人格對於手頭的工作和未來的目標總是充滿激情。他們吃苦耐勞、盡心盡力，而且他們的努力能夠感染其他人表現得更加出色。他們活到老、學到老，總是能給自己找到目標，並且能在目標的激勵下奮力前進。不論是對於自己，還是對於工作，他們都希望保持積極向上的正面形象。

【侷限和困擾】

由於成就型人格實現目標時比較注重成就，因此他會透支自己的精力、身體，甚至人際、家庭關係等，他人會產生被他忽略的感覺。喜歡親力親為，重要的事自己做，不善於求助和利用團隊的力量。為了達到目標，他們往往會走捷徑，甚至有可能破壞規則。

當成就型人格遇到一些經過努力仍然沒有得到解決的問題時，會非常煩躁和沮喪，不能坦然面對失敗。

【提升方法】

不要事事親力親為，有時讓別人去做。在繁忙的生活中抽出些時間去與家人相處。名利只是成功的象徵，不是人生的全部。學習關注情感和關係，不要過度集中於工作與成就。及時體驗開心、歡樂和幸福。明白自己的力量有限，承認別人的價值。要了解失敗不是世界末日，而是邁向成功途中的驛站。

四號自我型

哈佛專家們評價說，自我型人格是天生的藝術家，他們的表情最多變。高興時他們盡情開懷大笑，傷心時也是嚎啕大哭而不懼怕別人的眼光。他們生活得最自我，也最真實，少見他們虛偽和做作。

儘管如此，他們的氣質中總有一股憂鬱的氣息，讓人難以捉摸又欲罷不能。

他們的想像力最豐富，也最適合在需要創造的氛圍中工作。工作中他們最害怕的是像完美主義者那樣循規蹈矩，他們害怕束縛，對於他們來講能夠充分發揮天才的工作才值得努力。他們不會勉強自己做不喜歡做的事情，他們總是做自己感興趣的工作。自由和愛是他們生活中的氧氣和水，缺一不可。

在生活中的自我型人格可能是長不大的孩童，他們不喜歡現實生活中的種種虛假，因此常生活在自己幻想的世界中。他們能夠為了讓伴侶開心而把身上僅有的幾元錢拿去買一朵玫瑰，在他們看來，金錢生不帶來、死不帶走，唯有愛才是最寶貴的財富。

【性格亮點】

自我型人格對於苦難有一種與生俱來的熟悉感，他們特別適合與那些處於危難或悲傷的人一起工作。他們有一種獨特的毅力，願意幫助他人走出激烈的情感創傷，而且願意長時間陪伴在朋友身邊，幫助朋友療傷。

對深層意義的追求常常會讓自我型人格錯誤地認為，輕鬆快樂只不過是過眼雲煙，是無足輕重，不值得考慮的。他們更願意去關注那些身處人生巨變中的人。他們覺得只有這種生死感悟，才能讓他們擁有更真實的感覺。

【侷限和困擾】

找不到幸福的理由，時常感到無助和虛空。孤僻、尖銳的個性往往造成人際關係的困擾。神經極其敏感，情緒波動很大，愛走極端，自我折磨並折磨親密的人。

【提升方法】

開放自我，合理運用自己的創意。養成善始善終的習慣。把注意力放在眼前，不要僅僅關注眼前的負面因素。培養多樣興趣，結交各種朋友。通過身體的運動練習來調節心情。與其刻意追求快樂，不如坦然接受傷感。

第二章

看透九型人的潛臺詞（二）

五號觀察型

觀察型人格不喜歡與人交往，寧願孤獨地面對整個世界。他們的臉上永遠是一副深沉思考的表情，他們花在研究理論與事物身上的時間要遠遠超過研究人的行為與心理。

哈佛專家認為，觀察型人格的性格沉穩，不輕易發表自己的言論，因為他們對不確定的事物總是抱有審慎的態度。他們希望自己的觀點代表著客觀和公正。他們的性格內向，永遠保留自己的一片小天地，常常覺得無人了解他們。他們有著孤獨的、寂寞的、思想深刻的靈魂。

【性格亮點】

聰明、理性，分析能力強，見解深刻。觀察型人格能夠去做自己感興趣的事情，不管有沒有人支持。他們很理性，不容易動感情，即使在重壓之下，仍然能保持冷靜的頭腦和清晰的思維。

【侷限和困擾】

過於理性的他們，常常給人冷酷、冷漠的感覺。孤僻、自閉的個性，有時會將他們置於孤立無援的境地。用分析、推理的方法對感情求解，往往南轅北轍。

【提升方法】

不要太過吝嗇時間。讓你身邊的人知道你跟大家是同一戰線，你支援他們的目標，你願意去幫忙。學會活在當下，改掉在別人講話時，卻在想自己要講什麼這個不好的習慣。主動表達自己的立場，講出自己的想法，別人不能靠靈感去估計你的想法。容許自己去感受及體驗一下身體的反應或情緒的波動。

六號懷疑型

哈佛心理學家研究認為，在懷疑型人格眼中，只有危機感強烈的人才能生存。所以，他們凡事做最大的努力，做最壞的打算，注意力總是放在那些不安全或者不可控制的事情上，對風險、潛在危機、不確定因素非常敏感，常常處於焦慮、擔憂的情緒中。他們總是怕出差錯，怕生是非，怕自己力不從心，怕人虛偽，怕事與願違。

懷疑型的人所看到的世界是充滿威脅和危機，所有事物都難以預測、難以肯定。他們堅信「君子不立危牆之下」，凡事要謀定而後動，做什麼事情前，一定會盡量想清楚，計畫好，從而逃避、遠離抑或是面對、衝破那份危險。

【性格亮點】

懷疑型人格認同的是那些被壓迫者的事業，他們願意為了一個理想而付出忠誠、不求回報的努力。為了履行自己對他人的責任和義務，他們願意做出大量的自我犧牲。

懷疑型人格能夠洞察深層的心理反應。他們願意為了內心的追求去冒險犧牲、去忍受痛苦。他們盡忠職守，也忠於家庭，遵守紀律。

【侷限和困擾】

因為極端沒有安全感，總是懷疑危機的存在，使得神經過分緊張。對危機的恐懼過於強烈，有時候會產生逃避的心理。做人太過謹慎，因此有時過分敏感。做人循規蹈矩，不容許自己的言行有所偏差，也不喜歡人家不遵守遊戲規則行事。

【提升方法】

打斷自己對他人的觀察，不要總是強調他人是否言行一致。不要讓懷疑使自己關上幫助的大門。不要總是與他人劃清界限，也不要總是詢問他人的立場。不要用思維取代感覺和行動。增加娛樂和運動，用平和的心情去看待世界。

七號活躍型

對活耀型人格而言，最重要的事情是興趣和樂趣。他們愛好廣泛，多才多藝。哈佛專家指出，活耀型人格是最會玩也最愛玩的人，他們十分看重新鮮的體驗。他們的內心沒有疆界，只要是好玩的東西都能對他們產生吸引力。同時，活耀型人格也是非常聰明的人，頭腦敏銳，學習能力強，一旦發現令他們感興趣的事物，總是能學得很快。

【性格亮點】

活耀型人格對那些創造性的事物永遠充滿興趣。他們喜歡幫助他人，為他人帶來新的想法。在工作的初始階段，活耀型人格的作用尤其明顯。他們願意去嘗試，有很多新的理念。他們樂觀，能帶動周圍人的積極情緒，對於冒險的計畫充滿了興趣和能量。

【侷限和困擾】

善變、沒有毅力，注意力容易被吸引和分散。執行力不強，無法將好的點子付諸實踐，使其產生價值。適應性差，總是追求自由、樂趣，而對日常的工作感到乏味、排斥。

【提升方法】

考慮學習靜坐冥想，明白成長過程也有沉悶的一刻，接受這是人生的一部分。練習完成一件事再開始另一件事。學習接受批評及矛盾。控制自己要解決問題的衝動。不要被層出不窮的意念所吞噬，學習慢一點去欣賞每一件事的起、承、轉、合。學習自律，做事要有條理，編排好工作優先次序。小心自己那自圓其說的習慣，特別是解釋自己的失敗或道德操守的失誤。學習聆聽，溝通並非一定要贏過別人，重要的是能易地而處。

八號領袖型

領袖型人格樂觀自信、果斷、行動力強，愛伸張正義。哈佛專家指出，領袖型人格者認為世界充滿挑戰和不平，認為只有強者才能戰勝環境、助強扶弱、貢獻社會，而他們就是這樣的強者。正是因為他們有匡扶正義、幫助弱者的理想，所以他們認為最重要的事情就是掌握權力、控制局面。

領袖型人格有一種強大的自信和意志力，自強不息的信念一直驅動著他們，無論遇到多大的困難、挑戰，他們都相信一定能解決。

他們是敢說敢做、直來直往的人，完全相信自己的能力，一般不會變通或迂迴，有時候為了達到目標，可能會忽略行為的後果而付出代價。

【性格亮點】

領袖型人格天生就喜歡權力和控制。他們追求權力不僅是為了保護自己，同時也是為了幫助他人、維護正義。領袖型人格是典型的「困難領導者」，越是面對困難障礙時，他們越是表現出對領導權的忠誠，越能脫穎而出，直接面對挑戰。他們充滿力量和熱情，慷慨大方，在團隊中能給人力量和安全感。

【侷限和困擾】

領袖型人格選擇做事的方法一般是最硬的一種，喜歡白刃戰，缺乏彈性。所以，在公司裡，他的有些決策會消耗資源。他們給自己的壓力很大，總認為做一件事情就要拚命才可以。當他看到外界（其中包括競爭對手）的變化時，就會很敏感，會想盡一切辦法來增強自己的控制能力。當局勢不在自己的控制範圍時，會非常沮喪。他們在壓力大的時候脾氣會很暴躁，因此容易得罪人，造成企業內部人員不和。

【提升方法】

學會接受他人的幫助，這並不是軟弱無能的表現。尊重制定的規則，因為權力不需要靠破壞規則來證明。啟動自己的內在感覺，認識到自己的弱點。努力發現他人行為的邏輯性和正確性，允許他人堅持不同的觀點。學會延遲情感的表達，在準備發火之前，先在心裡倒數十下。不要總是從外界尋找問題的根源，學會從自己身上找問題。學會承認自己的錯誤。

九號和平型

和平型人格者愛好和平、友善隨和、寬容和忍耐。哈佛心理學家認為，對於他們來講，最重要的就是要維持人與人之間的和諧，維持自己外在環境的和諧。和平型人格的注意力常常放在人際關係是否和諧上，他們不喜歡爭吵和衝突。當他們看到同事之間發生爭吵和衝突的時候，會出面協調。因此，他們有很強的系統能力和直覺能力，常常注意一件事情對整體的意義，注意整體中各個部分的協調關係。

為了追求和諧，和平型人格首先將自己磨得很圓，沒有任何棱角。他們和善、易相處、沒有太多主見，因此也不愛做決定，別人說什麼他們都說好，誰也不得罪，也不輕易給別人建議。和平型人格是生活的潤滑劑，是忠實的聆聽者。

【性格亮點】

和平型人格能夠提供有力的支援。他們支援的目的，並不是讓事情朝著有利於自己的方向發展，而是希望去調停、維持和平的環境。他們能夠傾聽他人的觀點，能理解他人。更重要的是，能夠感受到他人生活中真正重要的東西。

【局限侷限和困擾】

和平型人格太關注未來，太關注一件事情的意義和模式，對當下的事情看不到或者不願意看，所以，對於眼前、當下的事情處理得不太好。

和平型人格的思維屬於跳躍型的，容易發散，思想的速度很快，決策和行動卻很慢。

當意義消失時，或興奮點轉移到更有意義的事情上，他們會快速放棄原來的事情，行動上出現「盲動」。

人事影響決策，和平型人格管理者往往會陷入人事困境。

【提升方法】

不要讓舉棋不定的困惑取代自己的真實感覺和願望。要保留自己的意見，把它說出來。學會一心一意地完成任務，不要被其他事情分心。當負面情緒出現的時候，不要把注意力轉移到不必要的替代品上，例如食品或電視，積極面對它。既能從他人的立場上考慮，又能從自己的立場上行動。適當釋放自己的怒氣和怨氣。

第三章

九型人如何掌控情緒（一）

快速測定你的九型

知己知彼，方能百戰不殆。下面，我們首先開始九型人格的測試，借此來了解我們自身與周圍的他（她）。哈佛心理學家提醒，在做九型人格測試題之前，你需要注意以下幾點：

第一，一百零八道題要憑第一感覺選擇，不要過多權衡，因為每種性格的背後都有好有壞。這樣忠實記錄，只為了更好了解你自己。

第二，在與你情況相符的題目旁做記號，並記錄相關題目後面的數位。

第三，將相同的數字歸為一類，看看有多少個一，多少個二，多少個三……然後找出數量最多的數字，對照答案，便能了解自己是九型人格中的哪一種。

第四，數位最多的只是你的主要性格，還要參照其他較多數位所對應的人格類型，以便獲得更詳細、更準確的資訊。

九型人格測試題：

1．我很容易迷惑。→9
2．我不想成為一個喜歡批評的人，但很難做到。→1
3．我喜歡研究宇宙的道理、哲理。→5
4．我很注意自己是否年輕，因為那是找樂子的本錢。→7
5．我喜歡獨立自主，一切都靠自己。→8
6．當我有困難時，我會試著不讓人知道。→2
7．被人誤解對我而言是一件十分痛苦的事。→4
8．施比受會帶給我更大的滿足感。→2
9．我常常設想最糟糕的結果而使自己陷入苦惱中。→6
10．我常常試探或考驗朋友、伴侶的忠誠。→6
11．我看不起那些不像我一樣堅強的人，有時我會用各種方式羞辱他們。→8
12．身體上的舒適對我非常重要。→9
13．我能觸碰生活中的悲傷和不幸。→4
14．別人不能完成他的分內事，會令我失望和憤怒。→1
15．我時常拖延問題，不去解決。→9
16．我喜歡戲劇性、多彩多姿的生活。→7
17．我認為自己非常不完善。→4

18．我對感官的需求特別強烈，喜歡美食、服裝、身體的觸覺刺激，縱情享樂。──↓7

19．當別人請教我一些問題，我會鉅細靡遺地分析得很清楚。──↓5

20．我習慣推銷自己，從不覺得難為情。──↓3

21．有時我會放縱和做出僭越的事。──↓7

22．幫助不到別人會讓我覺得痛苦。──↓2

23．我不喜歡人家問我廣泛、籠統的問題。──↓5

24．在某方面我有放縱的傾向（如食物、藥物等）。──↓8

25．我寧願適應別人，包括我的伴侶，而不會反抗他們。──↓9

26．我最不喜歡的一件事就是虛偽。──↓6

27．我知錯能改，但由於執著好強，周圍的人還是感覺到壓力。──↓8

28．我常覺得很多事情都很好玩、很有趣，人生真是快樂。──↓7

29．我有時很欣賞自己具有權威，有時卻又優柔寡斷，依賴別人。──↓6

30．我習慣付出多於接受。──↓2

31．面對威脅時，我一是變得焦慮，一是對抗迎面而來的危險。──↓6

32．我通常是等別人來接近我，而不是我去接近他們。──↓5

33．我喜歡當主角，希望得到大家的注意。──↓3

34．別人批評我，我也不會回應和辯解，因為我不想發生任何爭執與衝突。—↓9
35．我有時期待別人的指導，有時卻忽略別人的忠告逕直去做我想做的事。—↓6
36．我經常忘記自己的需要。—↓9
37．在重大危機中，我通常能克服對自己的質疑和內心的焦慮。—↓6
38．我是一個天生的推銷員，說服別人對我來說是一件輕而易舉的事。—↓3
39．我不相信一個我一直都無法了解的人。—↓9
40．我愛依慣例行事，不大喜歡改變。—↓8
41．我很在乎家人，在家中表現得忠誠和包容。—↓9
42．我被動而優柔寡斷。—↓5
43．我很有包容力，彬彬有禮，但跟他人的感情互動不深。—↓5
44．我沉默寡言，好像不會關心別人似的。—↓8
45．當沉浸在工作或我擅長的領域時，別人會覺得我冷酷無情。—↓6
46．我常常保持警覺。—→6
47．我不喜歡對人盡義務的感覺。—↓5
48．如果不能完美地表態，我寧願不說。—↓5
49．我的計畫比我實際完成的還要多。—↓7
50．我野心勃勃，喜歡挑戰和登上高峰的經驗。—↓8

51．我傾向於獨斷專行並自己解決問題。→5
52．我很多時候感到被遺棄。→4
53．我常常表現得很憂鬱的樣子，充滿痛苦而且內向。→4
54．初見陌生人時，我會表現得很冷漠、高傲。→4
55．我的面部表情嚴肅而生硬。→1
56．我很飄忽，常常不知自己下一步想要什麼。→4
57．我常對自己挑剔，期望不斷改善自己的缺點，以成為一個完美的人。→1
58．我經常懷疑那些總是很快樂的人。→4
59．我做事有效率，也會找捷徑，模仿力特強。→3
60．我講理、重實用。→1
61．我有很強的創造天分和想像力，喜歡將事情重新整合。→4
62．我不要求得到很多的注意力。→9
63．我喜歡每件事都井然有序，但別人會認為我過分執著。→1
64．我渴望擁有完美的心靈伴侶。→4
65．我常誇耀自己，對自己的能力十分自信。→3
66．如果周遭的人行為太過分時，我一定會讓他難堪。→8
67．我外向、精力充沛，喜歡不斷追求成就，這使我的自我感覺良好。→3

68．我是一位忠實的朋友和夥伴。→6
69．我知道如何讓別人喜歡我。→2
70．我很少看到別人的功勞和好處。→3
71．我很容易知道別人的功勞和好處。→2
72．我嫉妒心強，喜歡跟別人比較。→3
73．我對別人做的事總是不放心，批評一番後，自己會動手再做。→1
74．別人會說我常戴著面具做人。→3
75．有時我會激怒對方，引來莫名其妙的吵架，其實是想試探對方愛不愛我。→6
76．我會極力保護我所愛的人。→8
77．我常常刻意保持興奮的情緒。→3
78．我只喜歡與有趣的人為友，對一些寡言少語的人則懶得交往，就算他們看起來很有深度。→7
79．我常往外跑，四處幫助別人。→2
80．有時我會講求效率而犧牲完美和原則。→3
81．我似乎不太懂得幽默，沒有彈性。→1
82．我待人熱情而有耐性。→2

83. 在人群中我時常感到害羞和不安。—5
84. 我喜歡效率，討厭拖泥帶水。—→8
85. 幫助別人達到快樂和成功是我重要的成就。—→
86. 付出時，別人若不欣然接納，我便會產生挫折感。—→2
87. 我的肢體硬邦邦的，不習慣別人熱情的付出。—→1
88. 我對大部分的社交集會不太有興趣，除非那是我熟識的和喜愛的人。—→5
89. 很多時候我會有強烈的寂寞感。—→2
90. 人們很樂意向我表白他們所遭遇的問題。—→2
91. 我不但不會說甜言蜜語，而且別人會覺得我嘮叨不停。—→1
92. 我常擔心自由被剝奪，因此不愛做承諾。—→7
93. 我喜歡告訴別人我所做的事和所知的一切。—→3
94. 我很容易認同別人所做的事和所知的一切。—→9
95. 我要求光明正大，為此不惜與人發生衝突。—→8
96. 我很有正義感，有時會支持不利的一方。—→8
97. 我注重小節而效率不高。—→1
98. 我感到沮喪和麻木多於憤怒。—→9
99. 我不喜歡那些侵略性或過度情緒化的人。—→5

100．我非常情緒化，一天的喜怒哀樂多變。→4

101．我不想讓別人知道我的感受與想法，除非我告訴他們。→5

102．我喜歡刺激和緊張的關係，而不是穩定和依賴的關係。→1

103．我很少用心聆聽別人的心情，只喜歡說說俏皮話和笑話。→7

104．我是循規蹈矩的人，秩序對我十分有意義。→1

105．我很難找到一種我真正感到被愛的關係。→4

106．若我想要結束一段關係，我不會直接告訴對方，而是激怒他，讓他離開我。→1

107．我溫和平靜，不自誇，不愛與人競爭。→9

108．我有時善良可愛，有時又粗野暴躁，很難捉摸。→9

記錄下你所得的數位：

「1」共有（　）個，對應一號完美型人格。

「2」共有（　）個，對應二號助人型人格。

「3」共有（　）個，對應三號成就型人格。

「4」共有（　）個，對應四號自我型人格。

「5」共有（　）個，對應五號觀察型人格。

「6」共有（　）個，對應六號懷疑型人格。

「7「共有（　）個，對應七號活耀型人格。
「8「共有（　）個，對應八號領袖型人格。
「9「共有（　）個，對應九號和平型人格。

心裡住著一個嚴厲的批評家

一號完美型人格心裡住著一位嚴厲的批評家，這個批評家時刻在提醒他們：「失敗是你自己的責任！你必須承擔後果。」哈佛心理學家研究後認為，這讓完美型人格者的心靈備受折磨，甚至產生焦慮。例如，不少完美型的人最難受的不是考試前和考試中，而是考試後。他們考前小腿抽筋的原因是，擔心自己萬一考不好怎麼辦，而讓他們最為痛苦的是考試後的成果揭曉。

當正確答案下發時，一旦發現很簡單的題目自己卻寫錯了，完美主義者就會捶胸頓足、拍著自己的大腿說：「怎麼又少了一分！」「我真笨，這麼簡單的題也做錯！」這種懊悔不迭的情緒一直要保持到考試成績出來後很久才會散去。

完美主義者以自己的主觀意願為出發點，持有事物「必須」或「應該」怎樣的信念。例如，「我必須獲得成功」，「這件事必須做到位」，「生活必須完美」等。一旦現實與個人絕對化的要求不相符，他們就會感到難以接受，從而陷入自責的情緒困境。

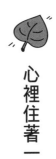

要想擺脫那種懊悔、自責的生活方式，最有效方法是善待自己。

學會善待自己是一件非常重要的事情。學會善待自己，就要允許自己犯錯誤，在總結教訓之餘，要安慰自己，即使是由於自身的原因導致的錯誤也要寬容原諒自己。只有這樣，才能形成積極的心態，有利於下一步的成功。

生活是一場曠日持久的戰鬥，不要對自己責備太嚴，要學會寬待自己，經常對自己說：「過去的就讓它過去吧，一切從頭開始。」這樣才能快樂生活下去。

幫助別人值得驕傲嗎？

哈佛專家指出，由於助人型人格過於關注對別人的幫助，這讓他的內心產生一種自豪感。他認為自己是及時雨，對他人來說自己不可或缺，慢慢地驕傲起來，四處宣揚自己對他人的好。

生活中經常有這樣的人，幫了別人的忙，就覺得有恩於人，四處散播，恐怕天下人不知似的。他們有一種優越感，高高在上，不可一世。這種態度是很危險的，常常會引發負面的後果，也就是幫了別人的忙，卻沒有增加自己人情帳戶的收入，因為驕傲的態度把這筆賬抵消了。所以，哈佛心理學家建議，即使你有恩於他人，也要保持一顆謙遜的心。

培養堅忍性格的六種方法

成就型人格從小就表現得很能幹，因為他們想要獲得別人的認可，想要維護自信，於是，凡事力爭第一，漸漸養成堅忍不拔的剛毅性格。

有了堅忍，成就型人格在遇到大災禍、大困苦的時候，就不會無所適從，在各種困難和打擊面前，仍能頑強地生活下去。

哈佛專家研究後認為，成就型人格不管面臨任何情形，總是不肯放棄、不肯停止，而在失敗之後，會以更大的決心和勇氣繼續前進。所以他們所取得的成功比以金錢為資本的人更大。

事實上，一個下定決心就不再動搖的人，無形之中會給人一種最可靠的保證，他做起事來一定勇於負責，一定有成功的希望。因此我們做任何事，事先應制訂一個詳盡的計畫，一旦主意打定之後，就不能再猶豫，應該遵照已經定好的計畫，按部就班去做，不達目的誓不甘休。

那麼，我們如何像成就型人格一樣培養堅忍的性格呢？哈佛心理學家給出以下建議：

1.確切地知道自己最想要的是什麼，給自己樹立一個目標。

2. 讓自己擁有強烈的想獲得堅忍性格的欲望。

3. 相信自己的能力，給自己足夠的自信。

4. 不管是生活中還是工作中，都要學會與人合作，了解和適應別人的方式，與周圍的人建立融洽的關係。

5. 堅定自己的意志力，這樣才能為了既定的目標而自覺努力。

6. 經常進行體能鍛煉，培養在困境中的堅韌和彈性，強化駕馭生活的能力。

誰有一張「抑鬱」的面孔

哈佛告訴我們，抑鬱的感覺對於自我型人格者來說，就像黑洞一樣，使他們感到無助、無力，沒有出路。每個人都會有不快樂和心情不好的時候，但長期抑鬱會使人的身心受到損害，使人無法正常工作、學習和生活。

哈佛心理學家建議，為了身體健康著想，也為了享受生活，自我型人格不妨參考以下方法消除抑鬱：

一、調節情緒，逐步改善心境，從而使生活重歸歡樂

自我型人格要想消除抑鬱情緒，首先應該停止對自身及周圍世界的埋怨，明確自己的認知錯誤來源於以感覺為依據思考問題，因為感覺不等於事實。每當你焦慮、抑鬱

時，切記以下兩個關鍵步驟：第一步，記錄。把那些消極的想法記錄下來。第二步，改變思維方式，調整心態。用客觀的想法取代消極的認知，徹底駁斥那些讓你自尋煩惱的謬論。

二、擴大人際交往

悲觀的人周圍多是悲觀者，而樂觀的人身邊亦多為樂觀者，因此，要想改變命運，你必須向樂觀者學習。不要拘泥於自我的小天地裡，應該置身於團體之中，多與人溝通，多交朋友，尤其多和精力充沛、充滿活力的人相處。

三、學會宣洩

要善於向知心朋友、家人訴說自己的不愉快。當處於極其悲哀的痛苦中時，要學會哭泣。另外寫日記也可以幫助消除心理緊張，避免過度抑鬱。

四、良好的生活習慣

規律與安定的生活是浪漫主義者最需要的。早睡早起、按時起床、按時就寢、按時學習等有規律的生活習慣會簡化你的生活，使你有更多的精力去做別的事情，保持身心愉快。

五、陽光及運動

多接受陽光與運動，多活動活動身體，可使心情得到意想不到的放鬆，改善一個人的心情。

第四章

九型人如何掌控情緒（二）

為什麼觀察型人格喜歡當「旁觀者」

觀察型人格喜歡從一個旁觀者的角度來關注自己和自己的生活。哈佛專家指出，觀察型人格喜歡當「旁觀者」，喜歡將自己的情感與生活中的事件隔離。於是，感情極少外露的觀察者表現出沉穩、冷靜，這正是現代人所需要的。

沉穩冷靜是一個人思想修養、精神狀態良好的標誌。在生活節奏快速的今天，一個人只有保持冷靜的心態才能思考問題，才能在紛繁複雜的大千世界中站得高、看得遠。諸葛亮所言「非寧靜無以致遠」，說的就是這個道理。

沉穩冷靜，是事業成功的一個重要條件。在這個瞬息萬變的物質世界中，人人都可能有過浮躁的心態，這在一定程度上是正常的，但當浮躁使人失去對自我的準確定位，使人隨波逐流、盲目行動或急功近利、喪失理性時，就會給自己、家人、朋友，甚至社會帶來一定的危害。所以，我們要向觀察型人格者學習，告別浮躁，凡事穩重冷靜。

「雖然……但是……」和「如果……」

我們的生活裡有這樣一群人，他們感情細膩、多愁善感，看到玫瑰枯萎便會悲歎生命的可悲；他們還有一顆特別謹慎小心的心，當你說「今天的陽光真燦爛」，他們也要想一下：「這話有其他意思嗎？」他們做起事來很少果斷乾脆的時候，因為對未知的懷疑和想像，他們的口頭禪一般是「雖然……但是」和「如果」。

這類人就是懷疑型人格。哈佛專家講，懷疑型人格的特點是善於把事情壞的方面無限放大，一直沉浸在悲傷和難過中；他們一旦負責某事就會認真做好；他們有著很強的猜忌心，警戒心很重。

懷疑型人格有個最大的優點，那就是忠誠，他們忠誠於自己認定的事情，為了達到目標，他們可以不求回報，犧牲自己的利益去奉獻。他們不會追求即刻的成功和回報。和其他性格比起來，懷疑型人格的洞察能力是最強的，他們能夠輕易洞察到身邊的朋友誰心裡高興卻裝得若無其事，誰內心悲傷卻面無表情。

每一種性格都有各自的優點，也都有各自的缺點。因此，一個人要想成為一個受人歡迎的人，就要想方設法克服性格上的缺陷，發揚性格的優點，做一個性格完善的人。

活耀型人格的自戀心理

一般人們並不認為自戀有什麼好處，不過哈佛心理學家認為，自戀的人比一般人更會疼愛自己，他們能發現自身獨有的價值和特徵，把最完美的自己呈現和發掘出來。每個人都需要有一點點健康的自戀，但是過度沉迷於自身的獨特性中，而對於一些反映客觀真相的建議視而不見，很容易變成自大狂。

活耀型人格總是對自己信心十足，經常在別人面前誇耀自己，認為自己是整個宇宙的中心，認為自己才華出眾，認為自己什麼事都能辦成。他們不合理地要求讚揚、特殊的優待，要求別人順從他，卻從不設身處地為別人著想。別人比他優秀時，他妒忌；別人不贊同他時，他就認為別人在妒忌自己，認為自己只能被同樣特殊的人所理解。試問，這樣的人怎能和他人友好相處呢？因此，哈佛專家建議，具有自戀心理的活耀型人格需要從三方面調整自己的心態：

1.接受批評是根治自戀的最佳辦法，自戀者的致命弱點是不願意改變自己的態度及接受別人的觀點。

2.自戀者無論在觀念還是行動都會無理要求別人服從自己。平等相處就是要求自戀者與人平等交往。

3.全面認識自我，既要看到自己的優點和長處，又要看到自己的缺點和不足。

領袖型人格感到失落的原因

領袖型人格一生都在追求公平，他們認為公平合理是生活中應有的現象，於是，他們常常說：

「這不公平！」

「因為我沒有那樣做，你也沒有權力那樣做。」

實際上，絕對的公平並不存在，你尋找絕對公平就如同尋找神話傳說中的事物一樣，是永遠也找不到的。我們在生活中受到公平的心理影響，當公平沒有出現時，就會感到憤怒、憂慮。

許多不公平的經歷我們是無法逃避的，也是無法選擇的，我們只能接受已經存在的事實並進行自我調整，抗拒不但可能毀了自己的生活，而且可能會使自己精神崩潰。因此，人在面對無法改變不公和不幸的厄運時，要學會接受它、適應它。

哈佛心理學家指出，我們承認生活是不平等的客觀事實，並不意味著一切消極的開始，正因為我們接受這個事實，我們才能放平心態，找到屬於自己的人生定位。命運中總是充滿了不可捉摸的變數，如果它給我們帶來了快樂，當然是很好的，我們也很容易接受，但事情往往並非如此，有時它帶給我們的會是可怕的災難，這時如果我們不能學會接受它，反而讓災難主宰了我們的心靈，生活就會永遠失去陽光。

「我到底是同意，還是不同意」

面臨選擇時，和平型人格者認為大家的建議都很有道理，以致做決定時往往猶豫不決。

「這件事採取哪個方案比較好？」

「我同意，還是不同意？」

哈佛心理學家講，和平型人格者總是徘徊在取捨之間，無法定奪，這樣就會使得本該得到的東西卻失去了，本該捨去的東西卻耗費了許多精力。若優柔寡斷到無可救藥的地步，便不敢決定種種事情，也不敢擔負起應負的責任。之所以這樣，是因為和平型人格者不知道事情的結果會怎樣——究竟是好是壞、是凶是吉。這種人常常擔心今天對一件事情進行了決斷，明天也許會有更好的事情發生，以致對今日的決斷發生懷疑。因為猶豫不決，導致很多美好的想法破滅。

猶豫不決、優柔寡斷是自己為自己製造的仇敵，在它還沒有得到傷害你、破壞你的力量，限制你一生的機會之前，將它扼殺在搖籃中。克服優柔寡斷，首先要正確認識自己，認清自己的長處與短處，再具體決定做哪一件事、怎樣做，並做到揚長避短。克服優柔寡斷，還要懂得選擇與放棄，選擇自己的優勢所在，放棄不現實的追求。對於已經選定的事情，應立即投入行動，只有這樣，才不會坐失良機。

第十一篇

熟知心理學的詭計

第一章

掌握人性，以心贏心

盡量讓對方多說，自己才能獲得更多資訊

只要你稍微留心，便會發現：無論在職場，還是在情場，那些能贏得他人喜歡的人，往往是精明內斂的傾聽者，而不是滔滔不絕、誇誇其談的擅說者。為什麼呢？很簡單，能說的不如會聽的，盡量讓對方多說，你自己才能獲得更多資訊。

也許你會問為什麼？理由至少可以舉出兩個：第一，只有憑藉聆聽，你才能學習；第二，別人只對聽他說話的人有反應。

哈佛心理學家認為，當與人交往時最重要的是聆聽，在你開口告訴別人你有多棒之前，你一定要先聆聽。然後你才能開始認識別人，與別人交談，千萬別高人一等。多跟別人交談，用心傾聽，不要太快下決定。

簡單地說，世界上任何人都喜歡有人聽他說話，只有對於聽他說話的人，他才會有反應。聆聽也是一種尊重，表示我們看重他們。我們等於是在說：「你的想法、行為與信念對我都很重要。」

想要了解他人的想法，最好的辦法就是聽聽他的意見，讓他自己說出你想了解的事情。擁有私人銀行桑德斯・卡普公司的銀行家湯姆・桑德斯曾說道：「關鍵在於先了解對方，他的價值觀以及他對投資的看法，再決定你是否能誠實地說出我們的投資方式是正確並對其有利。」他也正是利用了聆聽的方式，多次協助大企業進行天文數字般的巨額投資。

如果你想在人際交往中遊刃有餘，首先就要學會做一個注意聽話的人，讓對方認為自己對他所說的話題感興趣，才能進而對自己抱持好感，願意掏心說出真心話。另外，刻意對說者展現出傾聽的態度，也能較快獲得說者的好感度。正如查理斯・洛桑所說的：「要令人覺得有趣，就要對別人感興趣，問別人喜歡回答的問題，鼓勵他談談自己和他的成就。」

所以，請記住：跟你談話的人對他自己、他的需求和他的問題，比他對你和你的問題，更感興趣千百倍。當你下次跟別人交談的時候，千萬別忘了這一點，尤其在想獲得對方資訊的情況下。

展現自信的風采，讓對方樂於相信你

不知道你是否注意到：無論是去應聘，還是平時與他人交往，自信的人總是比唯唯諾諾人更受歡迎。這是為什麼呢？

很簡單，自信是人生重要的心理狀態和精神支柱，是一個人行為的內在動力，是自我成功的必然法寶。哈佛心理學家認為，我們只有相信自己，才能激發進取的勇氣，才能最大限度地挖掘自身的潛力，才能在成功的路上健步如飛。所以，在他人面前展現出你自信的風采，無疑是給對方一顆定心丸，讓對方覺得你是有能力、有實力的。

哈佛專家指出，成功不一定站在智慧的一方，但一定會站在自信的一方。相信自己，就會擁有自己的成就與幸福。如果你真的相信自己，並且深信自己一定能實現夢想，你就一定會成功。因為你相信「我能做到」時，自然就會想出「如何去做」的方法。

一般來說表達自信的方式主要區分為透過語言表達以及透過身體姿態來表現。對於前者，你可以在陳述問題時多表現得誠懇些，簡單明瞭，有重點；與人交流時可以多使用「我認為」、「我宣布」等辭彙；有異議時，多提出建設性的批評而不是責罵或假設「應該如何」；想提出改進意見時不用勸告的語氣；以穩重堅定的語調表達自己的思想；可以通過主動詢問的方式去發現別人的思想或情感。後者的身體語言方面，《Forbes》撰稿人Avery Blank提出了八個成功人士經常使用且簡單的表達方式，例如：與他人當面交流的時候，多以讚賞的眼光與對方交流、堅定有力的握手、輕輕碰觸對方的肩膀、姿態堅定挺拔、將雙腳放在地面上、較大的手部動作、防衛性肢體語言以及坐在靠近討論中心的位置等。

英國劇作家、詩人莎士比亞說：「自信是走向成功的第一步，缺乏自信即是其失敗原因。」自信是一生的事情，是一個人熱愛自己並不斷完善的過程，相信自己：即便不是最好的，至少也是獨一無二的，畢竟「每個人都是自然界最偉大的奇蹟」。

以富有熱情和感染力的語言影響對方

你的目標如果是說服，請記住動之以情比曉之以理的效果更大。因為，演講者以充滿感情和富有感染力的熱情來表達自己的思想時，聽眾很少會產生相反的意念。

哈佛心理學家指出，要激起情感，自己必須先熱情如火。不管一個人能夠編造出多精妙的詞句，不管他能搜集多少例證，不管他的聲音多美妙，手勢多優雅，倘若不能真誠講述，這些都只是耀眼的裝飾罷了。

一次，在哥倫比亞大學，卡耐基是三位被請上臺去頒發「寇蒂斯獎章」的裁判之一。有六位畢業生，全都經過精心準備，全都急於好好表現自己。他們絞盡腦汁只為獲得獎章，而少有或根本沒有說服的欲望。

他們選擇題目的唯一標準，是這些題目容易在演講中發揮。沒有人對他們的演講感興趣——他們一連串的演講僅是一種藝術表演而已。

唯一一個例外是一位來自非洲的王子。他選的題目是「非洲對現代文明的貢獻」。他所吐露的每個字裡都包含著強烈的情感。他的演講是出於信念和熱情的活生生的東西，而不僅僅是表演。他同時帶來一項請求，即渴望聽眾的了解。

雖然在演講技巧方面他可能不及其他競爭者表現更佳，但裁判還是把獎章頒給了他。

這位非洲王子在這裡以自己的方式給我們上了一課：僅運用理智是不能在演講中把自己的個性投射於別人身上的，必須展現出你對於自己所講的內容有多麼深摯的信念。

第二章

善用心計，駕馭他人

給予對方一個頭銜，讓他鼎力幫助你

哈佛心理學家研究發現，雖然頭銜是虛的，不能增加人的經濟收益，但卻可以在極大程度上滿足人的自我成就感。很多人都透過給予對方一個光輝閃耀的頭銜來獲得對方的鼎力協作。

斯坦梅茨是一位擁有異常敏銳觀察力和無法估計才能的人。然而，在他就任通用電氣公司的行政主管時，他所管理的事務卻亂作一團，因此，他被撤銷了行政主管一職，改任顧問兼工程師。這時，高層管理人員給予斯坦梅茨一個耀眼的頭銜——「科學的最高法院」。一時之間，幾乎公司上下所有的人都知道：有一個叫斯坦梅茨的工程師非常了不起，他被稱為「科學的最高法院」。斯坦梅茨極力維護這個頭銜所帶給他的榮譽，他不遺餘力地工作，創造了很多奇蹟，為通用電氣的發展作出了極大的貢獻。

頭銜是一種公開化的讚譽，面對它，幾乎沒有人能夠真正抗拒。頭銜能夠讓許多人激動不已，能激發他們的工作熱情，當然，還能夠贏得他們的忠誠。一個小小的頭銜真的擁有這麼巨大的魔力嗎？其實，這當中是有其心理學依據的。

首先，從個體心理學的角度看，當一個人被賦予某種頭銜的時候，他對自己的自我認知就發生了改變。潛意識中，他將自己和這種頭銜連結，如果他不按頭銜的要求去做的話他就會產生認知失調，也就是自我認知和言行衝突，從而產生心理不適。

再則，從社會心理學的角度看，當一個人被賦予某種頭銜的時候，實際上是被賦予了某種社會角色。要想獲得他人的鼎力支援，給予他人合適的頭銜是非常有效的方式喔！

容忍對方的反感，讓他不再反感

你以前可能會常常見到這樣的情況：直到昨天關係還一直很好的兩個同事，今天早上見面後卻如同陌路，原因是「○○背地裡向ＸＸ說我的壞話」。

如果你想要說服的對方在內心深處對你存在著反感時，會如何表現出來呢？哈佛心理學家分析說，由於說服者與被說服者之間的關係不同，反感的表現形式也不同。例如部下對上司感到反感時，因為不便明確表現出來，只好壓抑在心底，最後以變形後的方式表現出來。

社會地位低者對社會地位高者進行說服時，對方只是隨意附和，並不向說服者吐露真心，或者使用極端客氣的語言，這一般都是心中懷有反感的表現，這種反感會妨礙你的說服。

當上司勸說部下應打起精神努力工作時，若是部下只在口頭上響亮地回答「是」，但實際上並沒什麼改進，這一般都表示內心對上司有反感。當對方在談話中根本不提你的名字時，有時也表示對你有反感。

相反，當上司對部下有反感時，即當社會地位高的人對社會地位低的人有反感時，大部分情況下不會將反感壓抑在心底，而是直接表現出來。例如，談到主題時，故意岔開話題；談話當中突然離席，讓對方久候；假裝正在思考問題，將視線轉移到別處；更有甚者，根本不聽你的談話。

哈佛專家研究認為，反感往往是因「個人感情」而產生的反應。例如，「他很傲慢」這種反感如果在你的心中已形成印象，就容易讓你認為「既然他如此對我，我說他傲慢，別人也不會指責我」，使你覺得自己很有道理。這樣的「感情邏輯」，如從說服者的立場給予冷靜的觀察，往往會發現它是毫無理論根據的。因為反感缺乏理論性根據，所以如果能進行很好的說服，那麼，對方不僅會消除對你的反感，而且對你會進一步產生好感，有利於說服的進行。

恰當的回饋能使對方更積極為你辦事

評價就是對他人活動的一種回饋，而所謂回饋指的是行為者對自己行為結果的了解，這種了解能夠強化先前行為的作用，從而使行為者更加積極做出類似的行為，提高行為的效率，這一現象，被心理學家稱為「回饋效應」（Feedback effect）。也就是說，給予對方合適的回饋資訊，能夠使他更加積極努力。

有一個管理者想要解雇一個職員。不過，這位管理者並沒有像大多數人一樣，直接通知職員「你被解雇了」，而是採用一些心理技巧，讓這個職員主動申請離職。這位管理的做法是：無論這位職員將工作做得怎樣，管理者都不置一詞，完全把他當成了一個「透明人」。就這樣，沒多久這位職員就主動辭職了。

由此可見，一個人的活動沒有辦法得到他人的回饋，會大大地打擊他的積極性。因此，如果你想要他人積極為你效力，那麼你就一定要給予及時、恰當的回饋，這樣才能使對方保持積極性。

生活中，回饋效應是普遍存在的。我們應該記住：有回饋比沒有回饋好，正面回饋比負面回饋好；即時回饋比延遲回饋的效應更大。

第三章

巧耍心計，解圍脫困

發生爭吵時，「冷處理」顯奇效

哈佛心理學家研究發現，生活中有的人反應快但錯誤多，屬於衝動型；有的人反應慢但錯誤少，屬於熟慮型。兩種類型各有利弊，但是「暫不處理」能夠使兩者之間達到平衡。但是，需要謹記的是，「暫不處理」不是永遠忘記，一旦時機到了，就必須馬上開始行動，這樣才能解決問題。

有一個男孩就是利用這種方法追求自己心儀的女孩，最終成功結為連理。剛開始的時候，他每天都在女孩下班的時候送她一件小禮物，沒有一天間斷，一連送了十五天。到了第十六天的時候，他突然就不送了，第十七天他仍然沒有送，第十八天他又送……

顯然，這個男孩是操縱人心的高手。前面十五天都送，讓女孩習慣了他對自己的關懷；第十六天開始突然不送，能夠讓女孩冷靜想清楚男孩對她來說到底意味著什麼，失去這個男孩的話，自己會少了什麼；第十八天又送，是為了防止女孩習慣沒有他的生活。

適時冷卻不但不會使彼此關係冷淡，反而會加深彼此的交往，更利於彼此關係的進一步發展，而且能夠緩和人際關係中的矛盾，達到越吵越親的效果。

哈佛專家指出，在人與人交往的過程中發生爭吵，往往是由於兩人極其不冷靜，或者至少是有一個人失去了理智而造成的。無論是哪一方的原因，當爭吵發生的時候，最需要的就是冷靜。

如果是對方感情衝動，通常有三種原因：一是為了激怒你；二是為了從氣勢上壓倒你；三是宣洩自己的不良情緒。針對這些，哈佛心理學家建議，可以運用下面這些方法來緩和對方的衝動緊握他的手。一個人感情衝動的時候，雙手往往會不自覺地大肆揮舞，甚至做出很多具有破壞性的動作，比如摔東西。這時，你與他握手可以適時地制止對方的這一行為，透過控制對方過激的行為而緩和對方的衝動。

如果仔細觀察，你就會發現，情緒激動的人大都是站著的，他們呼吸急促，手腳顫抖；而當一個人坐著的時候，則很難激動到這種程度。因為坐著的姿勢會大大限制胸部擴張，使其怒氣不足。因此，想要冷卻對方的情緒，讓他坐下來，是一個不錯的方式。這時，你只要當好傾聽者，讓對方發洩就好，不要選這時和對方爭吵。當然，面對一個情緒極不冷靜的人，你勢必會有忍無可忍、想要回擊對方的心情。你不妨向對方大聲喊出「冷靜下來」。這樣對方極可能在你的「當頭棒喝」之下冷靜下來。

如果不冷靜的那個人是自己，又該如何對自己的情緒進行冷處理呢？哈佛心理學家有兩個常用方法：

1.深呼吸，這能夠供給身體充足的氧氣。要知道，充足的氧氣是人保持積極心理狀態的前提條件，呼氣的動作能有效排解負面情緒。

2.伸展腿。一般來說，當人處於放鬆、平和狀態的時候，就會把腳到處亂伸。在自己激動或者緊張的時候伸展腿，實際上是利用潛意識給自己「放鬆、平靜」的暗示。

率先化干戈為玉帛，你眼前的牆便成了路

人生漫漫，我們總是會遇到形形色色的人。有時，一次競爭、一個分歧，甚至一句玩笑，都有可能令我們樹敵。樹敵對我們個人的發展是非常不利的。然而，時光不會倒流，世界上也沒有後悔藥，一旦樹立了敵人，就成事實了。哈佛心理學家指出，想要化敵為友，你必須學會率先邁出第一步。

從前，在蘇伯比亞小鎮有兩個叫喬治和吉姆的鄰居。雖然他們住得非常鄰近，但他們的關係卻是非常緊張，誰都不喜歡對方。

日常生活裡，他們相遇總會發生口角。即使夏天在後院開除草機除草時車輪碰在一起，他們多數情況下也不會跟對方打招呼。

某個夏天，喬治和妻子去國外度假兩個禮拜。由於兩家一向不睦，吉姆和妻子一開

始並未注意到喬治夫婦出遠門。

突然有一天傍晚，吉姆在自家院子除過草後，發現喬治家的院子草已長得很高了，與自家剛剛除過草的草坪形成鮮明對比。對附近過往的人來說，都可以明顯發現喬治夫婦不在家。吉姆想，這不是等於公開邀請夜盜入戶嗎？這個想法如同閃電一樣攫住了吉姆。

當吉姆再一次看到喬治家那高高的草坪，儘管心裡非常不願意，但第二天早晨，他還是把那塊長瘋了的草坪除好了！能夠主動幫自己敵對的人做好事，這幾乎是常人所意料之外的。不過，這種「幫助」所帶來的結果往往也是常人意料之外的。

當喬治和妻子朵拉旅行結束回到家，愕然發現，有好心人幫他們把草坪收拾得如此乾淨、整齊。他們很想知道這位好心人的朋友是誰，於是到處探訪，所有詢問的鄰居都說不是自己做的。

最後，喬治敲了吉姆家的門。吉姆開門時，喬治臉上露出尷尬的表情，小聲地問：「吉姆，是你幫我除草嗎？」這是他第一次稱呼吉姆的名字。「我問了所有的人，他們都沒除草。傑克說是你幹的，是真的嗎？」吉姆回答：「是的，喬治，是我除的草。」他以為喬治會因為自己主動除草而大發雷霆。

喬治猶豫了片刻，最終，他用那低得幾乎聽不見的聲音，說：「謝謝你的幫忙。」之後，急忙轉身走開了。

吉姆的主動幫忙就這樣打破了他與喬治之間的敵意沉默。儘管他們沒有因此變得交往頻繁，但他們的關係已經改善了。也許沒多久，他們就會向朋友一樣分享同一杯咖啡。

「背後鞠躬」消除對方的敵意

在人際心理學中，有一種被稱作「背後鞠躬」的勸說術，讓第三者佯作無意地向對方道出你的善意或友好的想法，往往能夠讓彼此不睦的人際關係來個大轉折。

有一次，有人在林肯總統面前搬弄是非說，外交部長愛德溫•斯坦頓曾罵林肯是個該死的傻瓜。誰知，林肯聽了以後不但沒有生氣，反而像閒話家常般說：「如果斯坦頓說我是個該死的傻瓜，那麼我很可能真的是，因為他辦事一向都很認真，他說的十有八九都是正確的。」林肯的這番話很快傳到了斯坦頓的耳朵裡，斯坦頓聽到他人轉述過來的這番話的時候，感動極了。他在第一時間內跑到林肯面前，向林肯表示了自己崇高的敬意。

林肯正是利用了「背後鞠躬」的方法使斯坦頓改變了態度。那麼為什麼「背後鞠躬」能夠取得這樣的效果呢？

哈佛心理學家認為，與當面表達善意相比，「背後鞠躬」往往能產生更顯著的效果，主要原因如下：

1.人際交往遵循「相悅定律」，即誰喜歡你，你往往就會對誰報以同樣的好感。。

2.採用「背後」的方式，能夠繞過對方的心理防備。如果你親口向對方表達善意，即使你完全是出於真心的，也很有可能被對方冠以「無事獻殷勤，非奸即盜」之名，進而對你所表達的善意產生排斥，甚至加重心理防備，使得你的善意完全失去效用。相反地，如果資訊是從第三者口中獲得的，對方就不會懷疑其可信程度，因為對方會想：「什麼好處也撈不著，他沒有必要說謊。」因此，藉由第三者向對方傳遞善意，能使你的誠意更顯真切。

3.防止對方的負面自我概念產生消極作用。在人際交往中，很有可能，對方對你的敵意是出自於對你的羨慕或者嫉妒。在這種情況下，對方對自己的自我概念持負面態度，即認為自我形象不好、不值得他人喜愛。如果對方有這樣一種心理，那麼當你向對方說「你很好，我喜歡你」，對方很有可能認為你在消遣他，進而使關係更加惡劣。

此外，哈佛心理學家還指出，當人具有正面或中性的自我概念時，會對他人的善意報以同樣的善意。然而，當人具有負面自我概念時，「相悅定律」的效果會大大降低。

在生活中，如果對方的敵意不是源於彼此間的利害得失，那麼，「背後鞠躬」策略通常能有效化解對方的敵意。

第四章

創變通達，趨利避險

聽懂對方的場面話，說好自己的場面話

愛爾蘭劇作家蕭伯納（George Bernard Shaw）曾說過：「我開玩笑的方法，就是編造真實。編造真實乃是這個世界最有情趣的玩笑。」會說場面話，不聽場面話，你就能夠成為交際場上的智者，遊刃有餘，八面玲瓏。

哈佛專家忠告學生，生命不會從謊言中開出燦爛的鮮花，但說些無傷大雅的場面話卻是你在這個變幻莫測的社會中生存下去不得不學會的一種本領。一個人不可能完完全全在別人面前表現最真誠的一面，正如一個人不能把別人說過的每一句話都信以為真一樣，場面話總是可說不可信，一旦你違背了這條原則，善良便會退化為愚鈍，真誠也會成為傷害自己又危及他人的利器。

俾斯麥三十五歲時，擔任普魯士國會的代議士，這一年是他政治生涯的轉捩點。當時奧地利是德國南方強大的鄰國，曾經威脅德國如果企圖統一，奧地利就要出兵干預。

俾斯麥一生都在狂熱追求普魯士的強盛，他夢想打敗奧地利，統一德國。他是個熱

血沸騰的愛國志士和熱愛軍事的好戰分子。他最著名的一句話就是：「要解決這個時代最嚴重的問題並不是依靠演說和決心，而是依賴鐵和血。」但令所有人驚訝的是，這樣一個好戰分子居然在國會上主張和平。其實這並不是他的真實意圖，他連做夢都想著統一德國。他說：「沒有對於戰爭的後果清醒的認識，卻執意發動戰爭，這樣的政客，請自己去赴死吧！戰爭結束後，你們是否有勇氣承擔農民面對農田化為灰燼的痛苦？是否有勇氣承受身體殘廢、妻離子散的悲傷？」

在國會上，他盛讚奧地利，為奧地利的行動辯護，這與他一向的立場簡直是背道而馳、俾斯麥反對這場戰爭有別的企圖嗎？那些期待戰爭的議員迷惑了，好多人改變了主意，最後終因俾斯麥的堅持，避免了戰爭。

幾個星期後，國王感謝俾斯麥為和平發言，委任他為內閣大臣。幾年之後，俾斯麥成了普魯士首相，這時他對奧地利宣戰，摧毀了原來的帝國，統一德國。

袒露之心猶如在眾人面前攤開的信，那些胸有城府的人總是懂得潛藏隱祕，他們所說的話大都只是場面之言，「說者無意聽者有心」，如果你把別人的這些話都當真的話，那就只能證明你的天真和幼稚了。

哈佛心理學家認為，「場面話」是人性叢林裡的現象之一，而說「場面話」也是一種生存智慧。這不是罪惡，也不是欺騙，而是一種「必要」。撇開道德的標準，謊言也是一種智慧，有時說說一些無礙於原則與是非標準的場面話，也是一個人在紛擾複雜的社交場所中立足的一種本能。

逢人只說三分話，保護自己，也能試探他人

謹言慎行對一個人立身處世具有深刻的意義，話說得太滿會招致禍患。因此，世故的人只說三分話。哈佛告誡學生，說話有三種限制，一是人，二是時，三是地。非其人，你說三分真話，已是太多；得其人，而非其時，你說三分真話，正給他一個暗示，看看他的反應；得其時，而非其地，你說三分真話，正可以引起他的注意，如有必要，不妨擇地長談，這才叫通達世故。

逢人只說三分話，並不是叫你硬生生地話說三分就閉口，也會令人不滿和戒備。其實，在社會交往的時候，可以靈活發揮，不至於把話說得太滿而失了餘地，又可以讓人覺得你真誠坦率——這就得看個人的功力了。

當威爾遜剛就任俄亥俄州州長之時，在一次宴會上，宴會主席向在座眾人介紹，說威爾遜是「未來的美國總統」，這只是主席對威爾遜的恭維。

威爾遜在即興發言時，給大家講了一個故事：「在加拿大有一群垂釣的遊客，其中一名叫做強森的人，大膽試飲某種有危險性的酒。強森喝了酒後，便和其他同伴欲搭火車回去，但是他卻不搭北上的火車，反而搭乘南下的火車。於是，大家急於把他找回

來，就打電話給那班南下列車的車長：『請將一位叫強森的矮個子，送往北上的火車，他喝醉了。』不久，他們就收到車長的回電，表示：『請再詳示其特徵。本列車中有十三名醉酒的乘客。他們既不知自己的姓名，更不知目的地是何方。』」威爾遜笑著說，「而我威爾遜，確知自己的姓名，可是卻不能像你們的主席一樣，確實知道我將來的目的地在哪裡。」四座的人士聽後都哄然大笑。

威爾遜用一個巧妙的故事補救了主席的「口誤」，給自己留下了餘地，避免日後可能產生的問題，還為在座眾人留下了謙遜有禮的印象。

「馬有失蹄，人有失言」，把話說滿了就無法保證每一句話都說得滴水不漏，從而在交際場上招徠誤會，為自己留下隱患。所以掌握好說話的藝術，當說則說，當止則止，這樣才能為自己的發展提供幫助。

給自己的隱私加把鎖，以免日後吃虧

哈佛心理學家告誡人們，與人相處，不要把自己過去的事全讓人知道，特別是那些不願讓他人知道的個人祕密，更要做到有所保留。世界上的事情沒有固定不變的，今日為朋友，明日成敵人的事例屢見不鮮。你把自己過去的祕密完全告訴別人，一旦感情破裂，對方不僅不為你保密，還會將所知的祕密作為把柄，到時後悔也來不及了。

哈佛心理學家指出，自己的祕密不要輕易示人，守住自己的祕密是對自己的一種尊重，是對自己負責的一種行為。

羅曼・羅蘭說：「每個人的心底，都有一座埋藏記憶的小島，永不向人打開。」馬克・吐溫也說過：「每個人像一輪明月，他呈現光明的一面，但另有黑暗的一面從來不會給別人看到。」每一個人都有自己的隱私，一般總是那些令人不快、痛苦、悔恨的往事。比如戀愛的破裂，夫妻的糾紛，事業的失敗，生活的挫折，成長中的過去……這些都是自己過去的事情，不可輕易示人。

不相信任何人和相信任何人都同樣是錯誤的。不相信任何人，無疑是自我封閉，永遠得不到友誼和別人的信任，而相信任何人則屬幼稚無知，終會吃虧上當。信任是建立在相互了解的基礎上的。祕密只伴隨自己，千萬不要廉價送給別人。

第十二篇

不可不知的心理學經典定律

第一章

心情的顏色決定世界的顏色

我們心中都有一頂「光環」——光環效應

光環效應（Hallo Effect），又稱「暈輪效應」，由美國心理學家凱利提出。它指人們看問題時，像日暈一樣，由一個中心點逐步向外擴散成越來越大的圓圈，是一種在突出這一暈輪或光環的影響下而產生的以點帶面、以偏概全的社會心理效應。

哈佛心理學家研究發現，無論在人際交往，還是認識事物時，人們經常從對方所具有的某個特性泛化到其他有關的一系列特性上，從局部資訊形成一個完整的印象，即根據少量的資訊對別人或其他事物做出全面的結論。它實際上是個人主觀推斷泛化和擴張的結果。在暈輪效應狀態下，一個人或事物的某個優點或缺點一旦變為光環被擴大，其他缺點或優點也就隱退到光環的背後，被別人視而不見了。

情人在相戀的時候，總是忽略對方的缺點，認為情人的一切都是好的，做的事都是對的，就連別人認為是缺點的地方，在雙方看來也是無所謂的。這也是暈輪效應的表現。

哈佛心理學家認為，這種效應是由於知覺者的情感引起的對他人的一種主觀傾向。由於我們在知覺他人時有一種情感效應，我們對他人的評價就容易出現偏差，這一偏差表現為當某人或某物被我們賦予了一個肯定、令我們喜歡的特徵之後，那麼這個人就可能被我們賦予許多其他的好的特徵。

反之，如果某人或某物存在某些不良的特徵，那麼，我們就會認為他所有的一切都是壞的。後者被稱為「壞光環效應」，也被形象地叫做「掃帚星效應」。正所謂「一好百好，一惡百惡」，在生活中，「暈輪效應」與「掃帚星效應」經常發生，這些都是人類一種奇妙的心理反應。

既然我們知道暈輪效應是一種以偏概全的評價傾向，是個人主觀推斷泛化和擴張的結果，那麼在實際生活中，我們在評價自己的時候，就要實事求是，考慮全面。當別人稱讚你的時候，要保持頭腦冷靜，知道自己還有不足之處；當別人貶低你的時候，也不要自暴自棄，要客觀看待自己，才可免除錯誤的判斷。

情緒影響一切——情緒定律

情緒定律（The law of emotions），指人百分之百是情緒化的，任何時候的決定都是情緒化的決定。哈佛專家指出，即使有人說某人很理性，其實當這個人很有「理性」

思考問題的時候，也是受到他當時情緒狀態的影響，「理性思考」本身也是一種情緒狀態。你也許有過這樣的經歷：興高采烈的時候，看什麼都順眼，做什麼都順手；情緒一落千丈的時候，覺得自己什麼事都不順心，什麼都做得不好。

德國化學家奧斯特瓦爾德曾因自己的情緒變化，差點造成他人與諾貝爾獎擦肩而過。

有一天，奧斯特瓦爾德由於牙病，疼痛難忍，情緒很壞。他拿起一位不知名的青年寄來的稿件隨意看了一下，覺得滿紙都是奇談怪論，順手就把這篇論文丟進了垃圾桶。幾天以後，他的牙痛好了，情緒也好多了，那篇論文中的一些觀點又在他的腦海中閃現。於是，他急忙從垃圾桶裡把它揀出來重讀一遍，結果發現這篇論文很有科學價值。他馬上給一份科學雜誌寫信，加以推薦。

後來，這篇論文發表了，轟動了學術界。該論文的作者也因此獲得了諾貝爾獎。

哈佛心理學家指出，情緒的好與壞與我們的心態及想法密不可分。一件事在別人眼中看著是悲哀的，在你眼中也許就是快樂的，關鍵是自己怎麼想。世事變幻莫測，人的情緒也是多種多樣。但當我們了解情緒定律以後，在日常生活中，就應該學著理性地控制情緒。

要知道，快樂的鑰匙不是掌握在別人手中，而是掌握在自己手中。我們鬱悶也好，快樂也好，其實都不是由外界原因造成的，而是由我們自己的情緒造成的。所以，我們要做情緒的主人，而不能被情緒所左右。正如心理學家所證明的，人不僅僅是消極情緒的放大鏡，而且也是積極情緒的製造者，生氣鬱悶只是折磨自己。我們應該學會調整自己的情緒，保持積極樂觀的情緒。

「禁果」更有吸引力——禁果效應

禁果效應（forbidden fruit），也叫做羅密歐與茱麗葉效應，指越是禁止的東西或事情，人們越是好奇和關注，充滿窺探的欲望和嘗試的衝動，更加想得到或知道。這與人們情緒中的好奇心和逆反心理有關。

在古希臘神話中，萬神之神宙斯有位侍女叫潘朵拉。一次，宙斯派她去傳遞一個魔盒，告訴她千萬不能打開盒子。然而，正是宙斯的告誡，反倒激起她不可遏制的好奇和探究欲望，於是，她不顧一切地打開魔盒，結果，盒子裡裝的所有罪惡都跑到了人間。其實，正是宙斯的「禁止打開」促使潘朵拉將盒子打開，這就是心理學上所說的「禁果效應」。

俄羅斯的有句著名的諺語——「禁果格外甜」。在現實生活中，我們常常會遇到這樣的情況：越是被禁止的東西或事情，越會引來人們更大的興趣和關注，使人們充滿窺探和嘗試的欲望，千方百計試圖通過各種管道獲得或嘗試它。其實，這與東西本身沒有太大的關係，主要是因為「禁」字激起了人們情緒中的好奇心理和逆反心理。

這種效應存在的心理學依據在於：無法知曉的神祕事物，比能接觸到的事物對人們有更大的誘惑力，更能促進和強化人們渴望接近和了解的需求。我們常說的吊胃口、賣關子，就是因為人們對資訊的完整傳達有著一種期待心理，一旦關鍵資訊在接受者心裡形成了接受空白，這種空白就會對被遮蔽的資訊產生強烈的召喚。

哈佛心理學家建議，利用禁果效應時，一方面，我們可以把某些人們不喜歡而又有價值的事物人為變成禁果，以提高其吸引力；另一方面，我們不要輕易把某些不喜歡或不贊成的事物當成禁果，以免適得其反。

第二章

找到竅門，事半功倍

化繁為簡，把握關鍵——奧卡姆剃刀定律

奧卡姆剃刀定律（Occam's Razor, Ockham's Razor），由英國奧卡姆的威廉提出，指如無必要，勿增實體。哈佛專家解釋說，在人們做過的事情中，可能大部分都是無意義的，而隱藏在繁雜事物中的一小部分才是有意義的。所以，複雜的事情往往可通過最簡單的途徑來解決，做事要找到關鍵。

有人曾經請教馬克・吐溫：「演說詞是長篇大論好，還是短小簡潔比較好？」馬克・吐溫沒有正面回答，只講了一件親身感受的事：「有個禮拜天，我到教堂去，適逢一位傳教士在那裡用令人動容的語言講述非洲傳教士的苦難生活。當他講了五分鐘後，我馬上決定對這件有意義的事捐助五十元；他接著講了十分鐘，此時我決定將捐款減到二十五元；最後，當他講了一個小時，向聽眾請求捐款時，我已經厭煩之極，一毛也沒有捐。」

隨著人們認識水準的不斷提高，一系列追求簡化的觀念在整個社會不斷深入和普

及。根據奧卡姆剃刀定律，這正是一種大智慧的體現。如今，各種競爭日趨激烈，無論是企業還是個人，快與慢已經能決定其生死。因此，我們別無選擇，只有比別人更有效率，領先一步，才能生存。換而言之，就是凡事要簡化。

哈佛心理學家建議，不論你正面臨什麼問題或困難，都應當思考這樣一個問題：「什麼是解決這個問題或實現這個目標的最簡單、最直接的方法？」蘇格拉底說：「任何問題最可能的解決辦法是步驟最少的辦法。」正如奧卡姆剃刀定律所闡釋的，我們不需要把事情複雜化，要保持事情的簡單性，這樣我們才能更快、更有效率將事情處理好。

做事要分輕重緩急──艾森豪法則

艾森豪法則（Eisenhower Matrix），又稱四象限法則，指處理事情應分主次，確定優先的標準是緊急性和重要性，據此可以將事情劃分為必須做的、應該做的、量力而為的、可以委託別人去做的和應該刪除的五個類別。

我們常常會看到這樣的現象，一個人忙得團團轉，可是當你問他忙些什麼時，他卻說不出來，只說自己忙死了。這樣的人就是做事沒有條理，一味窮忙的結果，不僅浪費時間與精力，還不見成效。

在行動之前，一定要懂得思考，把問題和工作按照性質、情況等分成不同等級，然後合理安排完成和解決的順序，這樣才能收到事半功倍的成效。哈佛心理學家分析認為，這就是艾森豪法則的明智之處。

它告訴我們，做事前需要理性去安排，要事第一，然後依照輕重緩急逐步執行，一層層把所有的事情排列起來，條理清晰，成效才會顯著。凡事都有本與末、輕與重的區別，千萬不能做本末倒置、輕重顛倒的事情。

集中精力朝目標前進——手錶定律

手錶定律（Watch Law），指只有一隻手錶，可以確切地知道時間，擁有兩只或兩只以上的手錶，反而無法確定時間。哈佛心理學家解釋說，對於任何一件事情，不能同時設置兩個不同的目標，否則將使人無所適從。

現實生活中，很多人通常不太去留意促成事業獲得成功的因素，他們常常把做事情看得過分簡單，不肯集中全副心思去做。殊不知，我們在一項事業上的經驗好比是一個雪球，隨著人生軌跡的推移，這個雪球將越滾越大。所以，任何人都應該把全副精力集中在某一項事業上，隨著不斷的努力，獲得經驗也就越多，做起事來也就越順手。

歌德曾說過：「你最適合站在哪裡，你就應該站在哪裡。」這句話可以作為對那些三心二意者的最好忠告。

哈佛勸告學子，無論是誰，如果不趁年富力強的黃金時代去培養自己集中精力的習慣，那麼，他以後基本上不會有什麼大成就。世界上最大的浪費，就是把一個人寶貴的精力分散到許多無謂的事情。一個人的時間有限、能力有限、資源有限，想要樣樣都精、門門都通，是絕不可能辦到。

所以，在競爭日趨激烈的現代社會，如果你想在某一個方面做出什麼成就，就一定要牢記手錶定律，專心一致，對自己的目標全力以赴。

第三章

經營成功的定律

前進需要不斷激勵──馬蠅效應

哈佛心理學家這樣解釋馬蠅效應（Horse Flies effect）：沒有馬蠅叮咬，馬慢慢騰騰，走走停停；有馬蠅叮咬，馬不敢怠慢，跑得飛快。對於一個人來說，只有被叮著、咬著，才不敢鬆懈，才會努力拼搏，不斷進步。

一八六〇年大選結束後幾個星期，有位叫做巴恩的大銀行家看見參議員薩蒙‧蔡思從林肯的辦公室走出來，就對林肯說：「你不要將此人選入你的內閣。」林肯問：「你為什麼這樣說？」巴恩答：「因為他認為他比你偉大得多。」林肯說，「你還知道有誰認為自己比我要偉大的？」巴恩說，「不知道了。」林肯回答：「我要把他們全都收歸成為我的內閣。」林肯為什麼要這樣做呢？

很多人都對林肯的決定感到困惑，如巴恩所說，蔡思確實極自大、妒忌心很重，而且一直希望謀求總統職位。至於林肯為何仍舊重用蔡思，用他自己的話來解釋：「現在正好有一隻名叫『總統欲』的馬蠅叮著蔡思先生，那麼，只要牠能使蔡思在那個部門不停地跑，我就不想打落牠。」

現實生活中，不僅是蔡思先生，我們任何一個人，若找一隻馬蠅給自己施加點壓力，都會向目標的方向前進得更快。

巴德是學管理的，因為愛好設計，進了某公司的企劃部。剛工作不久，他就接手了一個公司的耶誕節網站廣告設計專案，期限是四天。

由於這次廣告需要設計一個非常有創意的網頁，而巴德和其他同事都不懂網頁設計軟體，主管便在出差前給他推薦了一位網頁做得不錯的外援。誰料，巴德拿著主管給的手機號碼聯繫對方，人家卻已經出國度假了。

當時，巴德面前只有兩條路：一是放棄，直接告訴主管做不了；二是迎難而上，完成項目。選擇前者，會失去很好的表現機會，晉升的夢想也可能泡湯；選擇後者，自己需要再想別的辦法做出一個有創意的網頁，既要符合活動廣告的要求，又要體現公司的內涵和優勢，如果成功了，會大大提升自己在主管心中的地位。一直希望能做出成績的巴德，最終選擇了後者。

決定後，他想：如果再找別人，要讓對方了解公司的企業文化、優勢及活動意義等，至少也要一天左右，而整個項目只有四天，還不如自己上，畢竟自己對公司和這次活動主旨都比較了解，何況大學期間也學過一些電腦課程。

於是，他買了兩本網頁製作的書，把自己關在辦公室，連續三天廢寢忘食地學習。

第四天，主管出差回來，巴德交上了一個自己精心設計的網頁。當主管問他是不是那個外援的傑作，他把事情原原本本地告訴主管，主管立刻對他豎起了大拇指，還誇他是一個很有發展前途的年輕人。

我們不應懼怕壓力，適當的壓力反而會促使我們更好地發揮潛力。如果每天都給自己一點壓力，你會感到自己的重要性，而發揮出更多的潛能。

成功要會與錯誤共生——墨菲定律

墨菲定律（Murphy's Law），指如果壞事情有可能發生，不管這種可能性多麼小，它總會發生，並引起最大可能的損失。它告訴我們，錯誤雖是世界的一部分，但人類不得不接受與錯誤共生的命運。

眾所周知，人類即使再聰明，也不可能把所有事情都做到完美無缺。正如所有的程式師都不敢保證自己在寫程式時不會出現錯誤一樣，容易犯錯誤是人類與生俱來的弱點。這也是墨菲定律一個很重要的體現。

哈佛心理學家告誡人們，想取得成功，不能存有僥倖心理，想方設法迴避錯誤，而是要正視錯誤，從錯誤中汲取經驗教訓，讓錯誤成為成功的墊腳石。

事實上，我們主要是從嘗試和失敗中學習，而不是從正確中學習。例如，超級油輪卡迪茲號在法國西北部的布列塔尼沿岸爆炸後，成千上萬噸的油污染了整個海面及沿岸，於是石油公司才對石油運輸的許多安全設施重新考慮。

哈佛心理學家指出，錯誤具有衝擊性，可以引導人考慮更多細節上的事情，只有從錯誤中吸取教訓，人們才會不斷進步。假如你工作的例行性極高，你犯的錯誤就可能很少，而如果你從未做過某事，或正在做新的嘗試，那麼發生錯誤在所難免。發明家不僅不會被成千的錯誤所擊倒，反而會從中得到新創意。在創意萌芽階段，錯誤是創造性思考必要的副產品。正如著名壘手耶垂斯基所言：「假如你想打中，先要有打不中的準備。」

人類社會的發明史上，有許多利用錯誤假設和失敗觀念來產生新創意的人。哥倫布以為他發現了一條到印度的捷徑，結果卻發現了新大陸；開普勒偶然間得到行星間引力的概念，卻是由錯誤的理由得到的；愛迪生也是知道了上萬種不能做燈絲的材料後，才找到了鎢絲……

所以，想迎接成功，先放下你的僥倖心理，增強你的「冒險」力量。遇到失敗，從中汲取經驗，嘗試尋找新的思路、新的方法。

第三章

人生處世的定律

目標成就人生——跳蚤效應

跳蚤效應，即長期積累的負性生活經驗會使人喪失信心，繼而喪失創造力。換言之，人生由目標決定，有什麼樣的目標，就有什麼樣的人生；有多大的目標，就有多大的人生舞臺。

生物學家曾經將跳蚤隨意向地上一拋，它能從地面上跳起一公尺多的高度。在一公尺高的地方放個蓋子，這時跳蚤跳起來會撞到蓋子。如果一再讓跳蚤撞到蓋子，過一段時間拿掉蓋子，就會發現：雖然跳蚤繼續在跳，但已經不能跳到一公尺高以上了，直至結束生命都是如此。在實驗中，跳蚤調節了自己跳的高度，而且適應了這種狀況，不願再改變。與此類似，一個人有什麼樣的目標，就有什麼樣的人生。

如今，很多剛畢業的年輕人在人生路口上舉棋不定，不知道是繼續求學深造，還是直接走向工作崗位；是根據自己的興趣找工作，還是根據自己的專業找工作……其實，這些迷茫與躊躇，都是因為沒有給自己確立明確的人生目標。哈佛心理學家建議，當你確立了自己的目標後，堅持下去，人生就不會迷茫。

心態決定選擇——不值得定律

不值得定律，指不值得做的事情，就不值得做好。哈佛專家解釋說，它反映了人的一種心理：一個人如果做一份自認為不值得做的事情，往往會保持冷嘲熱諷、敷衍了事的態度，不僅成功率低，即使成功，也不會覺得有多大的成就感；如果在做自認為值得做的事情，哪怕是用西瓜換芝麻，也會感到快樂。

倫納德·伯恩斯坦年輕時和美國著名的作曲家、音樂理論家柯普蘭學習作曲，附帶學習指揮技巧。當他在作曲方面一發不可收的時候，他的指揮才能被當時的紐約愛樂樂團指揮發現，並被力薦擔任紐約愛樂樂團常任指揮。結果，他一舉成名，在近三十年的指揮生涯中，成了愛樂樂團的名家。然而，他並不認為自己非常成功，始終受著「我喜歡創作，可我卻在做指揮」矛盾的折磨。

從伯恩斯坦的事例可以看出，在人們的眼中，他是出色的、成功的；但在他自己的眼裡，他並不是成功的。他一生都活在苦惱和矛盾之中，最後還是帶著深深的遺憾告別了人世。這就給予我們一個深刻的啟示：「值得」與「不值得」的距離有多遠，就在於我們的內心如何衡量。

如今，不少年輕人得到一份工作後，都渴望證明自己的優秀，卻認為簡單小事不值得做，從而失去了展示自己價值的機會和走向成功的契機。

美國通用電氣公司前總裁傑克．韋爾奇說：「一旦你產生了一個簡單而堅定的想法，只要你不停地重複它，終會將之變為現實。」其實，小事也好，大事也好，都是我們內心價值觀的一種判斷，我們不妨聽聽比爾．蓋茨的勸告：「年輕人，從小事做起，不要在日復一日的幻想中浪費年華。」

那麼，究竟哪些事值得做呢？哈佛心理學家認為取決於三個因素：

1.價值觀。一般來說，只有符合我們價值觀的事，我們才會滿懷熱情去做。

2.現實的處境。同樣一份工作，在不同的處境下去做，我們的感受也是不同的。例如，在一家大公司，如果你最初做的是打雜跑腿的工作，你很可能認為是不值得的。可是，一旦你被提升為領班或部門經理，你就不會這樣認為了。

3.個性和氣質。例如，成就欲較強的人往往喜歡做具有挑戰性、創新性的事情，依附性較強的人往往喜歡風險小甚至無風險的事情。

明白這個道理，做事或做選擇時，我們就要理性對待內心的「值得」與「不值得」。

克服人生「短板」，避開成事暗礁──木桶定律

木桶定律（Cannikin Law），是指一隻木桶盛水的多少，並不取決於桶壁上最高的那塊木板，而取決於桶壁上最短的那塊木板。

一位老國王給他的兩個兒子一些長短不同的木板，讓他們各做一個木桶，並承諾：誰做的木桶裝下的水多，誰就可以繼承王位。大兒子為把自己的木桶做大，每塊木板都削得很長，可做到最後一條木板時沒有木材了；小兒子則平均地使用了木板，做了一個並不是很高的木桶。結果，小兒子的木桶裝的水多，最終繼承了王位。

俗話說「人無完人」，確實，人是存在許多弱點的，如惡習、自卑、犯錯、憂慮、嫉妒等等。根據木桶定律，這些短處往往是限制我們能力的關鍵。哈佛心理學家指出，一個木桶能裝多少水，並不是用最長的木板來衡量的，而是要用最短的木板來衡量。木桶裝水的容量受到最短木板的限制，所以，要想讓木桶裝更多的水，必須加長最短的木板。

此外，根據木桶定律，做事情遇到問題時不要蠻幹，而是要找到導致問題產生的短板，徹底解決，從而達到事半功倍的效果。

國家圖書館出版品預行編目資料

情緒行為操控心理學 / 蘇陌編著．——初版——新北市：
晶冠，2017.12
面；公分．——（智慧菁典系列；9）

ISBN 978-986-5852-92-4（平裝）

1. 應用心理學　2. 情緒管理

177　　106018557

智慧菁典　09

情緒行爲操控心理學

作　　者　蘇陌
副總編輯　林美玲
特約編輯　謝函芳
封面設計　王心怡
出版發行　晶冠出版有限公司
電　　話　02-7731-5558
傳　　真　02-2245-1479
E-mail　ace.reading@gmail.com
部 落 格　http://acereading.pixnet.net/blog
總 代 理　旭昇圖書有限公司
電　　話　02-2245-1480（代表號）
傳　　真　02-2245-1479
郵政劃撥　12935041 旭昇圖書有限公司
地　　址　新北市中和區中山路二段352號2樓
E-mail　s1686688@ms31.hinet.net
旭昇悅讀網　http://ubooks.tw/
印　　製　福霖印刷有限公司
定　　價　新台幣299元
出版日期　2017年12月　初版一刷
ISBN-13　978-986-5852-92-4